맛있는
자연 공부

맛있는 자연 공부

김기명 글 | 김영민 그림

펴낸날 2020년 10월 5일 초판1쇄
펴낸이 김남호 | 펴낸곳 현북스
출판등록일 2010년 11월 11일 | 제313-2010-333호
주소 04071 서울시 마포구 성지길 27, 4층
전화 02)3141-7277 | 팩스 02)3141-7278
홈페이지 http://www.hyunbooks.co.kr | 인스타그램 hyunbooks
ISBN 979-11-5741-219-8 73490

편집 이경희 | 마케팅 송유근 | 영업지원 함지숙

글 ⓒ 김기명, 2020
이 책은 저작권법에 의하여 보호를 받는 저작물이므로 무단 전재 및 복제를 금지하며,
이 책 내용의 전부 또는 일부를 이용하려면 반드시 저작권자와 현북스의 허락을 받아야 합니다.

⚠ 주의 종이에 베이거나 긁히지 않도록 조심하세요. 책 모서리가 날카로우니 던지거나 떨어뜨리지 마세요.

24절기 날씨 과학

맛있는
자연 공부

김기명 글 김영민 그림

현북스

날씨에 숨은 과학 원리를 알아볼까?

"어제 내린 집중 폭우로 강원도 춘천의 강촌 유원지가 초토화됐습니다. 강한 돌풍이 이 지역을 휩쓸고 지나갔습니다……."

춘천은 내가 어린 시절을 보낸 곳이야. 어머니는 지금도 그곳에서 농사를 짓고 계시고. 뉴스를 보다 말고 어머니가 너무 걱정되어 단숨에 춘천으로 달려갔어. 도착해 보니 어린 시절 추억이 담긴 아름드리 잣나무는 뿌리를 드러내고 있고, 어머니의 고추밭은 완전히 망가져 있었어. 두려웠지. 지구상에서 가장 똑똑하다고 자랑하는 인간도 비, 바람, 우박 등 자연 현상 앞에서는 아무것도 할 수 없었어.

비 내리고, 눈 오고, 바람 불고, 번개 치고……. 자연의 법칙에 따라 나타나는 이런 날씨 변화는 두려움을 주기도 하지만 인간의 호기심을 불러일으키기도 해. 우리가 무심히 지나치는 자연 현상에는 엄청 많은 과학 원리가 숨어 있어. 날씨로 과학 공부를 해 보면 어떨까? 날씨에 숨은 과학 원리를 알게 되면 어렵게만 느껴지던 과학이 쉽고 재미있게 느껴질 거야.

자, 그럼 날씨를 통한 과학 공부를 위해 우리 조상들이 1년을 나눈 기준인 절기를 따라가 보자. 봄이 시작되는 입춘, 봄비 내리는 우수, 본격적인 무더위로 접어드는 소서 등 절기는 모두 날씨와 관련이 있거든.

그런데 절기는 어떻게 만들어졌을까? 절기를 알려면 우선 달력에 대해 알아야 해. '음력'이라는 말 들어 본 적 있지? 달력을 보면 날짜 아래 또 다른 작은 숫자들이 있잖아. 이게 음력인데, 달이 지구를 도는 시간을 기준으로 1년을 12개월로 나눈 다음 각 달의 날짜를 나타낸 거야. 옛날엔 주로 음력을 썼어. 하늘에 뜬 달만 보면 한 달 중 어

느 때인지 쉽게 알 수 있었으니까.

하지만 달만 봐서는 계절의 변화를 알 수 없어. 그래서 태양의 움직임을 보고 24절기를 만든 거야. 지구가 1년에 한 번씩 태양 주위를 돌기 때문에 계절이 변하거든. 지구가 태양을 한 바퀴 돌면 원이 만들어지지. 원의 중심각은 360°잖아. 24절기니 중심각 360°를 24로 나누면 각 부분은 15°가 되지. 지구가 태양을 도는 원 모양 길을 15°가 되는 지점마다 나눈 것이 절기야.

자, 이제 날씨 속에 숨은 과학 원리를 알아볼까? 학교 백엽상이 어디 있는지 알지? 3학년 때 선생님과 열어 보기도 했잖아. 과학실에서 컵에 얼음 올려놓기 실험도 했을 거야. 컵 속에서 몽실몽실 만들어지는 안개를 보며 감탄하기도 했을 거고. 또 있지. 하루 동안의 온도, 태양 고도 변화를 확인한다고 쉬는 시간마다 운동장으로 나가기도 했지. 태양 고도 재기보다는 노는 게 좋았겠지만…….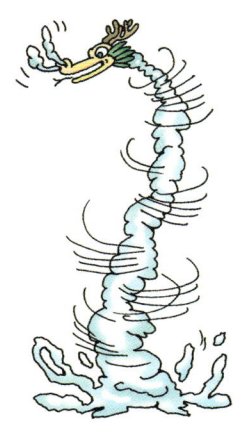

  이 책을 읽는 시간은 과학 시간에 공부한 내용을 생활 주변에서 찾아보는 시간이 될 거야. 달력을 넘겨 가면서 과학 공부를 하는 시간이기도 하고.

  좀 더 알고 싶은 게 있으면 기상청의 어린이 기상교실(http://www.kma.go.kr/child/main.jsp)에 들어가 봐. 좋은 자료가 많이 있어.

  날씨를 정복할 수는 없겠지만 최대한 이용은 해야겠지. 그러기 위해선 많이 아는 게 최고! 옆에서 일어나는 작은 일부터 관심을 가지고 날씨에 숨은 과학을 찾아보자.

2005년 8월

김기명

차례

날씨에 숨은 과학 원리를 알아볼까? • 4

① 입춘　계절이 바뀌는 이유 • 13
　　　　어느 계절이 가장 긴가요?

② 우수　기후를 만드는 다양한 대기 현상 • 19
　　　　봄은 왜 짧아요?

③ 경칩　수증기와 구름 • 25
　　　　비행기구름은 비행기가 내뿜는 매연인가요?

④ 춘분　절대 습도와 상대 습도 • 31
　　　　불쾌지수가 뭐예요?

⑤ 청명　황사의 원인과 피해 • 37
　　　　황사가 좋은 일도 하나요?

⑥ 곡우　비가 내리는 원리와 종류 • 43
　　　　물 폭탄이 뭐예요?

- ⑦ 입하　온도로 구분하는 세계 기후 ● 49
　　　　　에베레스트 산꼭대기 눈은 왜 안 녹아요?

- ⑧ 소만　하늘에 올라가지 못한 구름, 안개 ● 55
　　　　　스모그가 뭐예요?

- ⑨ 망종　날씨를 관측하는 다양한 방법 ● 61
　　　　　일기 예보에서 말하는 '조금'은 얼마나 '조금'이에요?

- ⑩ 하지　장마가 오는 이유 ● 67
　　　　　기단과 전선이 뭐예요?

- ⑪ 소서　천둥과 번개 ● 73
　　　　　왜 번개가 친 다음에 천둥소리가 나나요?

- ⑫ 대서　공기의 흐름, 바람 ● 81
　　　　　동풍은 우리말로 뭐라고 해요?

⑬ 입추　　일기도 보는 법 ● 87
　　　　　무지개는 어떻게 만들어지나요?

⑭ 처서　　태풍이 불어오는 원리 ● 93
　　　　　태풍 이름은 어떻게 지어요?

⑮ 백로　　이슬과 서리 ● 99
　　　　　이슬점이 뭐예요?

⑯ 추분　　날씨를 관측하는 기구 ● 105
　　　　　왜 풍향계 꼭대기에 수탉이 붙어 있나요?

⑰ 한로　　하늘로 올라가는 회오리바람 ● 113
　　　　　토네이도와 태풍은 같은 건가요?

⑱ 상강　　농작물에 피해를 주는 일기 현상 ● 121
　　　　　잘 자라는 보리를 왜 밟나요?

⑲ 입동　　대기와 해류의 흐름을 바꾸는 엘니뇨　●　127
　　　　　라니냐는 뭐예요?

⑳ 소설　　눈이 내리는 원리　●　135
　　　　　눈이 많이 오면 다음 해에 풍년이 들어요?

㉑ 대설　　독특한 영동 지방 날씨　●　141
　　　　　왜 눈길에 염화칼슘을 뿌려요?

㉒ 동지　　북서 계절풍과 한파　●　147
　　　　　삼한 사온이 뭐예요?

㉓ 소한　　체감 온도 알아보는 법　●　153
　　　　　상고대가 뭐예요?

㉔ 대한　　속담으로 배우는 날씨 과학　●　159
　　　　　성에는 왜 창문 안쪽에 껴요?

입춘
봄에 들어서는 날

봄의 시작을 알리는 때입니다. 2월 4일, 5일 무렵이지요. 봄의 시작이라지만 아직 추위는 여전합니다. 1년 동안 좋은 일만 있길 희망하며 '입춘대길'이라고 쓴 종이를 대문에 붙입니다.

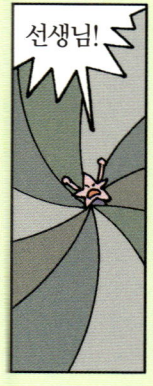

계절이 바뀌는 이유

계절이 뭘까? 사전에는 "한 해를 날씨에 따라 나눈 그 한 철."이라고 나와 있어. 우리가 사는 온대 지방에서는 기온의 차이로 계절을 나눠. 봄, 여름, 가을, 겨울 사계절로 말이야. 인도네시아 같은 열대 지방에 있는 나라는 여름과 겨울의 기온 차이가 별로 없어. 그래서 비가 내리는 정도에 따라 우기와 건기로 계절을 나누지. 옛날 이집트 사람들은 나일강이 넘치는 걸 기준으로 계절을 나누기도 했대.

봄, 여름, 가을, 겨울로 계절을 나누는 기준은 뭘까? 지구가 1년에 한 번씩 태양 주위를 도는 건 알고 있지? 지구가 태양을 돌면서 받는 태양의 열에너지 양에 따라 지구의 온도가 달라져. 그걸 기준으로 계

절을 봄, 여름, 가을, 겨울로 나눈 거지. 이렇게 계절을 네 개로 나누어 놓으니 간단하고 기억하기도 좋아.

항상 그 자리에.

그런데 계절은 왜 바뀔까? 계절이 바뀌는 데 가장 큰 영향을 주는 건 태양이야. 태양 빛이 오는 양은 지역마다 달라. 지구가 태양 둘레를 도는 동안 태양 빛이 우리가 사는 곳에 얼마나 오는가에 따라 기온이 달라지고 그에 따라 계절이 바뀌는 거지.

우리나라를 기준으로 생각해 보자. 우리가 봄을 느끼는 때는 춘분인 3월 22일쯤이야. 이때 태양은 적도 위에 있어. 우리나라는 북반구 중간 정도에 있으니 태양 빛을 비스듬히 받겠지.

지구는 계속 돌아서 하지인 6월 22일쯤에는 태양이 우리 머리 위로 와. 머리 위라고 하지만 실제는 타이완 근처인데, 태양이 가장 가까이 있는 때라 태양 빛의 양이 가장 많아. 태양의 열에너지를 많이 받으니 온도도 가장 높아지는 거야. 여름이지.

그런 뒤에 지구는 계속 돌아서 추분인 9월 22일쯤에는 다시 적도를 지나는데, 봄과 마찬가지로 태양 빛을 비스듬히 받아.

　　동지인 12월 22일쯤에는 태양이 가장 남쪽에 있어. 태양과 지구가 가장 멀리 떨어져 있어서 지구가 태양 빛을 가장 적게 받는 때지. 겨울이야. 이때는 1년 가운데 그림자의 길이가 가장 길어. 태양 빛이 가장 비스듬하게 비추기 때문이야.
　　이렇게 우리와 마주한 태양의 위치에 따라 기온이 변하고, 계절이 변

지구본을 봐. 우리나라는
북반구 중간 정도에 있어.

하는 거야.

　하루 중에는 동에서 서로 움직이는 태양이 1년 동안은 남북을 오가거든. 12시 정도에 계절을 생각하며 태양의 위치를 살펴봐!

한입더!!

지역마다 받는 태양 빛의 양이 다른 이유?

태양은 특별한 움직임이 없다. 그래서 빛을 브내는 양이나 방향에도 큰 변화가 없다. 단지 지구가 기울어져 자전하면서 태양 주위를 돌기 때문에 지역에 따라 받는 빛의 양이 달라지는 것이다.

어느 계절이 가장 길까?

계절마다 날수가 다를까? 춘분, 하지, 추분, 동지 사이를 봄, 여름, 가을, 겨울로 정하고 달력을 넘기면서 한번 세어 봐.

춘분에서 하지 전날까지는 약 92일이야. 하지에서 추분 전날까지는 93일보다 조금 많지. 추분에서 동지 전날까지는 약 89일이고, 동지에서 춘분 전날까지는 89일 정도야. 큰 차이는 아니지만, 여름날 수가 가장 많아.

계절마다 날수가 다른 이유는 뭘까? 지구가 태양을 돌 때 정확한 원 모양이 아니라 약간 눌린 원, 그러니까 타원을 그리면서 돌기 때문이야. 그러다 보니 지구와 태양이 가까워질 때도 있고 멀어질 때도 있겠지.

그러면 지구가 태양을 도는 속도도 달라져. 지구와 태양의 거리가 가까우면 태양이 끌어당기는 힘이 세지니 속도가 빨라지고, 거리가 멀면 끌어당기는 힘이 약해지니 속도가 느려지겠지.

여름에는 지구와 태양이 가장 멀리 떨어져 있어서 태양이 끌어당기는 힘이 가장 약해. 그래서 여름의 길이가 가장 긴 거야.

우수
눈 대신 봄비가 내리는 날

눈 대신 비가 내리는 때입니다. 2월 19일, 20일 무렵이지요. 봄비가 내리면 언 땅이 녹고 겨우내 움츠렸던 만물이 숨을 쉽니다. 이맘때 농촌에서는 보리밟기를 해 줍니다.

기후를 만드는 다양한 대기 현상

기후는 어떤 지역에서 해마다 반복되는 기온, 비, 눈, 바람 따위가 만들어지는 대기의 상태를 말해. 장소에 따라서는 달라지지만 같은 장소에서는 보통 일정하지. 그렇지만 자세히 살펴보면 수십 년 또는 수백 년을 주기로 변하고 있어.

그런데 우리는 기후보다는 날씨라는 말을 자주 써. 날씨는 뭐고 기후는 뭘까? 날씨는 하루 동안의 대기 상태야. 날씨를 여러 해 동안 기록해서 '이맘때면 이 지역에서는 이런 대기 상태가 나타난다.' 하는 것이 기후이고.

날씨는 그때그때 다르고 또 장소에 따라 달라. 그러니 날씨를 예측하는 건 무척 어려운 일이야. 신문이나 텔레비전에서는 '일기 예보'라는 말도 쓰는데, 일기도 날씨와 같은 말이지. 요즘은 일기 예보 대신 '오늘의 날씨'라고 많이 쓰지만 말이야.

일기 예보를 보면 어떤 것들을 알 수 있지? 추운지 따뜻한지, 습도가 높은지 낮은지, 바람이 많이 부는지 적게 부는지, 바람이 어느 쪽에서 부는지, 맑은 날인지 흐린 날인지 같은 것들을 알 수 있을 거야. 이런 것들의 공통점은 뭘까? 그래, 모두 그 지역을 덮고 있는 공기 속에서 일어나는 일들이라는 점이야. 이걸 조금 어려운 말로 '대기 현상'이라고 해. '기상'은 대기 현상을 줄인 말이고.

그럼, 대기 현상에는 어떤 것들이 있을까?

먼저 물이 일으키는 현상들이 있어. 우리가 쉽게 볼 수 있는 비나 눈이 있겠지. 아주 작은 물방울들이 하늘 높이 둥둥 떠다니는 것이 구름이잖아. 구름 속 작은 물방울들이 뭉쳐 땅으로 떨어지는 게 비고, 작은 물방울들이 얼어서 떨어지는 게 바로 눈이지. 그 밖에 안개, 우박, 이슬, 서리 같은 것도 볼 수 있을 거야. 모두 대기 속에 있는 물이 일으키는 현상들이지.

다음은 먼지들이 일으키는 현상. 먼지라고 하니까 떠오르는 게 있지? 바로

봄마다 찾아오는 지겨운 황사! 황사는 먼지가 일으키는 대표적인 대기 현상이야. 또 서울처럼 큰 도시에는 뿌연 우윳빛 먼지가 하늘에 떠 있잖아? 이건 연무라고도 하는데, 자동차 배기가스나 공장의 매연 같은 먼지 알갱이가 떠다니는 거야. 또 회오리바람이나 화산 폭발로 생겨난 먼지들이 공기에 떠 있는 경우도 있어.

태양 빛이 일으키는 현상도 있어. 비가 갠 뒤 나타나는 무지개, 저녁에 서쪽 하늘을 물들이는 노을 같은 것이 빛이 일으키는 대표적인 현상이지. 또 햇무리, 달무리라고 들어 봤니? 태양 빛이나 달빛이 얼음 알갱이나 물방울 무리에 가려질 때 생기는 빛 고리를 말해.

마지막으로 얘기할 것은 대기 속에서 일어나는 전기 현상이야. 가장 쉽게 볼 수 있는 것으로 번개가 있지. 우르릉 꽝꽝 소리를 내는 천둥과 함께 번쩍이는 번개 말이야. 또 우리는 쉽게 볼 수 없지만, 북극에서 나타나는 오로라도 대기의 전기 현상이지.

대기 속에서는 이렇게 엄청나게 많은 일이 벌어지고 있어. 더구나 한 번에 하나의 일만 벌어지는 게 아니라 여러 가지 일이 섞여서 일어나지. 그러니까 날씨가 어떻게 변할지 예측하는 일이 쉽지 않은 거야. 날씨가 나쁘다고, 예보가 틀렸다고, 일기 예보하는 분들 탓하지 마. 아마 하느님도 정확하게는 못 맞히실 거야.

날씨가 지역마다 다른 이유?

　날씨는 태양에 가장 많은 영향을 받는다. 태양 빛을 받는 위치에 따라 지역마다 날씨가 달라진다. 지구는 둥글기 때문에 지역마다 받는 태양의 열에너지 양이 달라져 날씨가 달라지는 것이다.

 ## 봄은 왜 짧아요?

　예보를 보면 개나리나 벚꽃이 얼마나 피었는지, 단풍이 얼마나 들었는지 알려 줄 때가 있잖아. 이렇게 주변에서 쉽게 볼 수 있는 식물의 변화로 계절을 나누기도 해.
　'꽃샘추위'라는 말 들어 본 적 있니? 3월쯤이면 사람들은 따뜻한 봄을 기대하지만, 실제 날씨는 그렇지 않아. 3월과 4월까지도 추운 시베리아 고기압이 우리나라에 영향을 주기 때문이야. 꽃샘추위는 봄이 되어 서서히 약해지던 시베리아 고기압이 갑자기 발달해 날씨가 추워지는 걸 말해. 꽃이 필 때쯤 찾아오는 추위라 꽃샘추위라고 하는 거야.
　요즘엔 봄이 없어졌다는 말 들어 본 적 있지? 꽃샘추위에 긴장하다 보면 어느새 짧은 소매의 옷을 입어야 하는 계절이 와 버리거든.
　기온만으로 계절을 나눠 보면 우리가 봄을 느끼는 때는 4월 말에서 5월 말까지 한 달 정도야. 봄은 무척 짧은 셈이지.

경칩
개구리가 잠에서 깨는 날

날씨가 따뜻해져서 새싹이 돋고 겨울잠 자던 생물들이 깨어나는 때입니다. 3월 5일과 6일 무렵이지요. 이날 보리 싹의 상태를 보고 한 해 보리농사가 잘될지 안 될지를 점쳤다고 합니다.

수증기와 구름

하늘을 올려다보면 뭐가 보이니? 파란 하늘에 뭉게뭉게 피어 있는 구름이 보이지. 구름은 어떻게 만들어질까?

물이 증발하면 수증기가 되어 공기 속으로 들어간다는 건 알지? 수증기들이 공기 속에 떠다니다가 모인 게 구름이야.

수증기만 있으면 구름이 만들어질까? 아니야. 수증기를 모으는 응결핵이 있어야 해. 응결핵은 공기 속에 있는 먼지나 재, 연기 같은 것들인데, 이 응결핵을 중심으로 모인 물방울들이 위로 올라가는 공기를 타고 올라가 구름이 되는 거야.

위로 올라간 공기들은 어떻게 될까? 우선 주변 온도와 압력이 낮으니까 서로 뭉쳐. 그리고 부피가 늘어나. 부피가 늘어나면 주변 공기보다 가벼워지고, 또 부피를 늘이는 데 열에너지를 다 썼기 때문에 온도도 내려가. 점점 높이 올라가다 보면 온도는 더 낮아져서 공기 덩어리에 포함되어 있던 수증기가 뭉쳐 물방울과 얼음 알갱이를 만들어. 이제 확실한 구름이 된 거야.

구름에는 여러 종류가 있어. 모양과 위치에 따라 10가지로 나뉘지. 권운, 권적운, 권층운, 고층운, 고적운, 난층운, 층적운, 층운, 적운, 적란운으로 말이야. 각 구름의 특징을 볼까?

권운, 권적운, 권층운은 아주 높은 곳에 있는 구름이야. 모두 얼음 알갱이로 이루어진 구름이지. 그 가운데에서 권운은 몽글몽글한 솜처럼 생긴 흰 띠 모양 구름이야. 새털구름이라고도 해. 권적운은 권운 몇 개가 붙어 있는 구름인데, 하얀 천 조각이 층을 이루고 있는 모양이라 비늘구름이라고도 하지. 권층운은 머리카락처럼 생긴 구름인데 투명해 보이고 만지면 부드러울 것 같아 보여. 권층운은 해와 달과 어울려 햇무리와 달무리를 만드는 구름이야.

고적운, 고층운, 난층운은 중간 높이에 떠 있는 구름이야. 얼음 알갱이와 물로 이루어져 있어. 공기들이 아주 넓은 지역에서 천천히 올라가 만들어진 구름들이야. 그래서 공기들이 빽빽하게 모였기 때문에 줄무늬보다는 평평한 모양으로 나타-

권운. 새털구름이야.

적운. 뭉게구름이야.

적란운. 금방 비가 쏟아질 것 같지?

나. 고적운은 흰색이나 회색인데 층이 져서 만들어지기 때문에 둥근 덩어리처럼 보여. 양떼구름이라고도 하지. 고층운은 회색일 때도 있고 푸르스름한 색일 때도 있는데 하늘 대부분을 덮는 구름이야. 가끔 하늘이 우윳빛 유리처럼 뿌옇게 보이거나 태양이 흐릿하게 보이는 때가 있잖아. 고층운 때문이야. 난층운은 어두운 회색 구름이야. 비나 눈이 내리기 직전에 하늘을 덮어 버리는 구름이지. 이 구름이 두껍게 만들어지면 태양도 볼 수 없어.

층적운, 층운은 낮은 곳에 떠 있는 구름이야. 이 구름들은 대개 물로 되어 있는데 갑자기 올라가는 공기 움직임이 있을 때 만들어지지. 층적운은 회색이나 좀 더 짙은 색 구름이야. 비가 오기 전후에 자주 나타나는 구름으로, 가장 흔히 볼 수 있는 구름이지. 층운은 아래쪽이 평평한 모양의 구름인데 안개비로 내리는 경우도 있어. 겨울에는 눈가루로 내리기도 하지.

적운과 적란운은 두께로 구별해. 위쪽을 향해 솟아오르는 산봉우리 모양을 한 구름이 적운이야. 돔이나 탑처럼 생긴 구름이지. 뭉게구름이라고도 해. 햇빛을 받으면 윗부분은 하얗게 보이고 아랫부분은 어두워서 땅과 가까워 보여. 적란운은 윗부분이 부드러운 옷감처럼 넓

게 퍼져 있어서 깃털처럼 보여. 하지만 아랫부분은 매우 어둡게 보이지. 적란운은 비나 눈을 내리게 하는 구름이기도 해.

자! 구름에 대해 알았으니 하늘을 한번 올려다볼까? 어떤 구름이 떠 있어? 새털구름? 뭉게구름?

한입더!!

지역마다 받는 태양 빛의 양이 다른 이유?

태양은 특별한 움직임이 없다. 그래서 빛을 브내는 양이나 방향에도 큰 변화가 없다. 단지 지구가 기울어져 자전하면서 태양 주위를 돌기 때문에 지역에 따라 받는 빛의 양이 달라지는 것이다.

비행기구름은
비행기가 내뿜는 매연인가요?

눈이 부시게 날씨가 좋은 날, 파란 하늘을 하얗게 가로지른 선을 본 적 있니? 하얀 선을 따라가 보면 날아가는 비행기를 볼 수 있어.

이 하얀 선을 비행기구름이라고 해. 맑고 차고 습한 날 비행기가 하늘을 날 때 볼 수 있어. 이건 매연이 아니라 구름이야. 비행기구름은 아주 높은 곳에서 만들어져. 작은 물방울이 얼어 버릴 만큼 온도가 낮은 곳이지. 보통 영하 38℃ 이하, 8000m 이상의 높은 하늘에서 만들어져.

비행기가 하늘을 날 때는 온도가 아주 높은 배기가스가 나오거든. 이 가스가 8000m보다 높은 곳에서 찬 공기를 만나면, 찬 공기 속 수증기가 열을 받아 더욱 활발하게 움직여. 이렇게 움직이다 보면 물방울을 만들고, 가스에 들어 있는 작은 먼지들이 응결핵 역할을 해서 구름을 만드는 거야.

춘분

봄의 한가운데로 들어가는 날

밤과 낮의 길이가 거의 같은 때입니다. 3월 21일, 22일 무렵이지요. 높은 산에는 아직도 얼음이 있지만, 들판에는 새싹들이 땅을 뚫고 나옵니다. 겨우내 얼었던 땅이 풀리면서 농부들은 한 해의 농사를 시작하지요.

절대 습도와 상대 습도

공기 속에는 증발된 수증기들이 포함돼 있어. 우리 주변에서는 늘 증발 현상이 일어나거든.

빨래가 마르는 것도 증발 현상 때문이야. 여름이나 가을 새벽에 풀밭을 걸으면 풀잎에 맺힌 이슬 때문에 바짓가랑이가 젖잖아. 그런데 해가 나면 이슬이 모두 사라지지. 이슬이 수증기로 변해 공기 속으로 증발한 거야. 그 밖에 강, 호수, 바다, 흙이나 식물의 표면에서도 늘 증발 현상이 일어나지.

이렇게 증발된 수증기가 공기 속에 포함되어 있는 정도를 습도라고 해. 단위는 %(퍼센트)를 쓰지. 습도에는 절대 습도와 상대 습도가 있어. 말은 좀 어렵지만 잘 생각해 보면 그렇지도 않아.

절대 습도는 말 그대로 일정한 양의 공기 속에 들어 있는 수증기의 양을 말해. 그렇지만 이 절대 습도로 공기가 습하다 혹은 건조하다고

건조한 봄엔 산불이 많이 나. 봄에 산에 갈 땐 항상 불조심!

말하기는 힘들어. 건조하거나 습한 느낌은 기온의 영향을 받거든. 그래서 기온과 비교해 공기가 축축한 정도를 나타내기 위해서 상대 습도라는 말을 쓰지.

하루 동안 일어나는 상대 습도의 변화는 기온에 따라 달라져. 대개 기온이 높으면 습도가 낮아지고, 기온이 낮으면 습도가 높아져. 또 물이 많고 적음에 따라서도 달라지지. 바다처럼 물이 많아서 수증기가 공기 속으로 쉽게 들어갈 수 있는 곳에서는 온도 변화와 습도가 관계가

많아. 그렇지만 땅처럼 수증기가 적은 곳에서는 온도 변화에 따라 수증기 양이 변하는 정도가 작아. 그보다는 따뜻한 공기의 흐름에 의해 공급되는 수증기 양이 더 많지. 그러니까 상대 습도는 현재 온도에서 들어갈 수 있는 수증기의 최대량을 기준으로 삼고, 지금 수증기가 얼마나 포함되어 있는가를 나타내는 거야.

일기 예보에서 현재 습도가 100%라고 했다면, 공기 속에 물이 꽉 차 있다는 말일까? 아니야. 다만 현재 온도에서 공기에 섞일 수 있는 수증기의 양과 지금 수증기의 양이 같다는 거야. 지금 온도의 공기 속에는 수증기가 더 들어갈 수 없는 상태라는 거지.

상대 습도가 100% 넘을 때도 있어. 이런 걸 과포화 상태라고 해. 과포화 상태일 때는 비가 오거나, 안개가 자욱하게 끼거나, 이슬이 맺혀.

우리가 건조하다고 느끼는 때는 대개 상대 습도가 30% 이하일 때를 말하는데, 심한 경우는 0%에 가까워지기도 해.

봄철에 건조 주의보나 건조 경보라는 말을 자주 듣지? 여기에 사용되는 실효 습도라는 말도 있어. 이건 화재를 막는 게 목적이야. 며칠 동안의 상대 습도로 계산을 하지. 목재 등의 건조도를 나타내는 것인데 불이 날 가능성이나 물질의 건조 정도 등을 측정하는 데 이용해.

춘분이라도 산은 아직 누렇기만 하네. 빨리 비가 내려서 꽃이 활짝 핀 산을 봤으면 좋겠다.

증발된 수증기가 모여 있는 곳은?

증발된 수증기가 대기 전체에 퍼져 있는 것은 아니다. 수증기가 포함된 공기는 땅에서 2~3km 정도 높이에 다 모여 있다.

불쾌지수가 뭐예요?

여름철에 불쾌지수라는 말을 많이 쓰지? 땀이 나도 마르지 않으면 끈적끈적해서 기분이 나쁘잖아. 불쾌지수가 높을 때는 습도가 높아서 땀이 증발하지 않아.

불쾌지수는 건구, 습구 온도계로 계산해. '0.72×(기온+습구 온도)+40.6' 이 불쾌지수를 계산하는 공식이야. 습구 온도 재 본 적 있니? 온도계의 알코올이나 수은이 든 액체 샘 부분을 젖은 헝겊으로 감싸고 측정한 온도가 바로 습구 온도야. 불쾌지수가 70이 넘으면 10명 중 한 사람이 불쾌감을 느낀다고 해. 75인 경우에는 반 정도, 80 이상일 때는 대부분의 사람이 불쾌감을 느낀대. 하지만 이것은 정확한 기준은 아니야. 단지 이럴 것이라고 예상하는 것뿐이지.

사람마다 불쾌감을 느끼는 정도가 달라. 오히려 이 불쾌지수라는 말 때문에 더 불쾌해진다는 사람도 있어. 그러니까 이렇게 생각하는 게 좋아. '오늘은 불쾌지수가 높으니 친구에게 괜한 짜증을 내지 말아야겠다.'

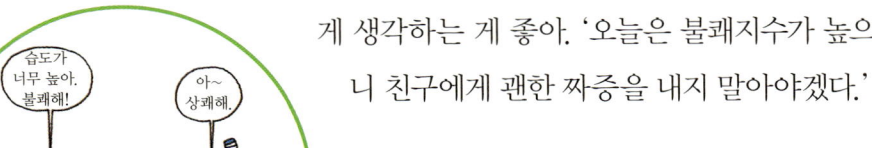

청명
하늘이 맑고 깨끗한 날

나무가 물을 빨아올리기 시작하는 때입니다. 4월 5일, 6일 무렵이지요. 농촌에서는 냉이며 달래 캐는 모습이 보이고, 나비도 한두 마리씩 보이기 시작합니다.

황사의 원인과 피해

 봄의 불청객 황사! 황사는 어디서 오는 걸까? 중국에 황하라는 강이 있어. 누런 물이 흐른다고 해서 황하라고 불러.
 황사는 바로 이 중국 북부 황토 지역 흙먼지에서 시작돼. 이곳과 고비 사막 근처는 비가 적게 오는 곳이거든. 그러니 날씨가 건조하고 흙은 말라 있겠지. 봄이 되면 이 푸석푸석한 흙에서도 싹이 올라오기 시작해. 싹이 올라오면서 흙을 밀어 올리거든. 그러면 서로 붙어 있던 흙의 틈새가 벌어져. 이럴 때 바람이 불면 흙먼지가 일어나는 거야. 그리고 때맞춰 서풍이 불어서 이 바람을 타고 흙먼지가 우리나라로 밀려온단다. 심한 경우는 하와이까지도 간대.
 중국 베이징 근처에 황사가 나타나고 사흘

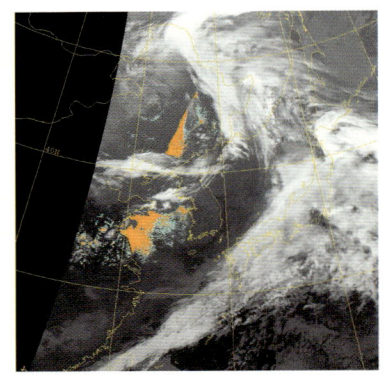

인공위성에서 찍어 보내온 사진이야. 누런색이 황사야.(기상청 제공)

정도 지나면 우리나라에서도 황사가 나타나. 문제는 먼지 양이 엄청나다는 거야. 100만t(톤)은 된대. 쓰레기 수거하는 트럭이 10t이니까 상상하지 못할 정도로 많다는 걸 알겠지?

황사는 농도가 진해서 태양을 가리기도 해. 이때는 앞이 잘 보이지 않아서 비행기 조종사들이 가장 고생한다고 해. 화산 먼지는 엔진에 문제를 일으켜서 비행기를 멈추게 하지. 황사는 그보다는 알갱이가 작아 비행에 특별한 문제는 없어. 대신 날개 표면에 달라붙은 황사 알갱이가 비행기가 떠오르는 데 영향을 준다네. 마찰 탓에 공기 움직임에 문제가 생기기 때문이래.

황사에 들어 있는 중금속 같은 나쁜 물질도 문제야. 중국이 산업화되면서 공장 굴뚝에서 나온 매연들이 섞이게 되었지. 그래서 황사 때문에 호흡기 질환이나 결막염, 알레르기 등 많은 병이 나타나기도 해. 오죽하면 황사 때문에 학교를 쉬기도 하잖아. 황토 먼지는 식물의 숨 쉬는 구멍인 기공을 막아서 정상적인 성장을 방해하기도 해.

여기에 한 가지 피해가 더 있어. 우리나라가 자랑하는 반도체를 포함한 전자 산업에 주는 피해야. 아주 섬세하게 작업해야 하는데 먼지가 영향을 미쳐서 기계가 잘못 작동하는 일이 일어나기도 하고, 불량품이 나오기도 한대.

그럼 막을 방법이 없냐고? 중국도 나름대로 노력은 하고 있어. 우리나라나 일본만이 아니라 중국 스스로도 황사 때문에 골치를 앓고 있거든. 그래서 황사가 시작되는 지역에 나무를 심고, 풀을 자라게 하는 녹화 사업을 추진하고 있지만 아직까지 뚜렷한 효과는 나타나지 않고 있어.

황사 때문에 학교 안 간다고 무작정 좋아할 수만은 없겠지?

황하가 누런색인 이유?
중국 북부의 황토 지역에서 황하의 강줄기가 시작된다. 강물에 황토가 섞여서 누런색이 된 것이다.

# 황사가 좋은 일도 하나요?

황사도 도움이 될 때가 있어. 먼저 환경 오염이 심해져서 내리는 산성비의 산성을 낮춰 줘. 황사에는 많은 양의 석회가 들어 있거든. 석회는 염기성인데 산성비와 섞여서 산성의 정도를 낮춰 주지. 초봄에 농촌에서는 해마다 산성화된 논과 밭에 석회를 뿌리고, 유럽에서도 생태계를 되살리기 위해 가끔 산성화된 호수에 석회를 뿌린대. 그걸 생각하면 황사도 쓸모가 있는 거지.

또 황사는 비료 역할도 해. 식물들이 잘 자라기 위해서는 질소나 인산, 마그네슘이나 칼륨 같은 영양소가 필요해. 식물들은 이런 영양소를 오래된 돌들이 부서져 흙이 되는 과정에서 얻거나 공기에서 얻어. 그런데 우리나라에 있는 대부분의 돌은 화강암이라 잘 부서지지 않아서 식물이 영양소를 얻기가 힘들어. 황사에 섞여 오는 여러 물질이 식물에게 영양분을 제공하기도 하지. 하나 더! 황사는 지구 온난화를 막아 준대. 공기 속에 떠 있는 황사가 대기를 통과할 때 태양 빛을 줄여 지구의 기온을 낮춘다는 거야. 지구의 온실 효과는 그만큼 천천히 진행되겠지.

곡우
농사에 필요한 비가 내리는 날

봄비가 내리는 때입니다. 4월 20일, 21일 무렵이지요. 이때 내리는 비는 농사에 많은 도움이 됩니다. 겨우내 쌓였던 먼지를 씻어 주기도 하고요. 강남 갔던 제비가 돌아오는 때이기도 합니다.

비가 내리는 원리와 종류

비는 어떻게 만들어져서 내리는 걸까? 앞에서 구름 얘기할 때 수증기가 모여 구름이 만들어진다고 했던 거 기억나지? 시간이 지나면서 구름은 점점 더 많은 수증기를 모아. 그러면 점점 무거워지겠지. 그래서 점점 아래로 내려오다가 견딜 수 없을 만큼 무거워지면 물방울을 떨어뜨려. 이게 비야.

하지만 구름에서 떨어지는 물방울이 모두 비는 아니야. 안개비나 이슬비는 빗방울 하나의 지름이 0.5mm가 안 되는데, 이것보다는 커야 비라고 할 수 있어. 비의 종류에 따라서 빗방울의 크기가 다 달라. 봄에 자주 내리는 보슬비는 안개비보다는 크지만 지름이 4mm가 안 되는데, 여름에 내리는 소나기는 지름이 12mm가 넘는 것도 있어. 한번 그려 봐. 꽤 크지?

자, 그럼 비가 내리는 원인으로 비의 종류를 나누어 볼까?

먼저 소나기! 소나기는 태양열이 강할 때 내리는데 대류성 강우라고 불러. 태양열이 강하게 땅을 데우면 땅 가까이 있던 공기들은 뜨거워져서 수증기를 가득 품은 채 위로 올라가. 위로 올라갈수록 공기의 온도가 떨어지니까 수증기는 물방울로 변해. 그래서 아주 쉽게 구름이 만들어지고 구름 알갱이가 커지면서 비로 변하는 거야. 소나기는 내리는 시간은 짧지만 내리는 양은 많아. 그리고 천둥, 번개가 함께 나타나기도 해.

우리나라에선 소나기가 여름에 많이 내리지만, 적도 근처에서는 거의 매일 이런 비가 내리기도 해. 어떤 곳에서는 매일 오후에 어김없이 소나기가 내린대. 그래서 그곳 사람들은 소나기가 내리는 때로 시간을 짐작한다고 해.

어떻게 매일 일정한 시간에 비가 내릴 수 있을까? 적도 근처에는 1년 내내 태양열이 뜨겁게 내리쬐잖아. 해가 비치면 기온은 점점 올라가고, 바닷물의 온도도 높아져서 물이 많이 증발해. 이렇게 물기를 잔뜩 품은 공기는 위로 올라가다가 찬 공기를 만나 많은 구름을 만들어. 이 구름이 적란운인데 하늘 꼭대기까지 걸친 엄청 두꺼운 구름이지. 태양열이 강하니 바다에서 물이 계속 증발해서 구름엔 수증기가 한없이 공급

돼. 이렇게 점점 모여들다 12시쯤 되면 물기를 엄청 품은 구름이 만들어지고, 수증기도 서로 뭉쳐서 점점 커져. 그러다 오후 3시쯤이 되면 어김없이 많은 비가 내리는 거야.

이번엔 지형성 강우를 볼까? 지형성 강우는 일기 예보에 자주 나오는 비야. 주로 산이 많은 곳에서 내리는 비지. 습기를 많이 포함하고 있는 구름이 움직이다 산에 막히면 산을 타고 올라가. 좀 높은 산이면 올라가면서 구름의 온도는 내려가고 구름 속 수증기는 포화 상태에 이르게 되는데 그러면 비구름이 되는 거야. 그러곤 비를 내리는 거지. 섬진강 근처에 비가 많이 내리잖아. 지리산이 높게 솟아 있기 때문이야.

2002년에 동해안 지역을 휩쓸고 간 태풍 '루사'를 알고 있니? 엄청난 폭우가 사람들을 떨게 했단다. 강릉엔 하루에 800mm 넘는 비가 쏟아지기도 했지. 이 비도 지형성 강우였어. 백두대간이라는 엄청난 산맥과 동해 바다가 만들어 낸 비였지.

전선 비와 저기압성 강우도 알아볼까? 찬 공기와 더운 공기가 만나서 전선을 만들어. 이때 더운 공기가 찬 공기를 타고 오르면서 구름을 만들어 비를 뿌려. 이게 전선 비인데 여름에 내리는 장맛비가 여기에 속하지.

저기압성 강우는 저기압의 가운데 부분에서 위로 올라가는 공기의 흐름이 만들어질 때 내리는 비야. 태풍과 함께 오는 비가 대표적이지.

곡우 때 농촌은 정말 바빠. 못자리도 만들어야 하고, 고추 모종도 준비해야 하고, 씨앗도 뿌려야 하거든. 옛사람들은 "곡우에 가물면 땅이 석 자가 마른다."라고 했어. 곡우 즈음에 비가 안 오면 땅이 말라서 그 해 농사를 망친다는 말이야. 오죽하면 '빗님'이라는 말을 썼겠어?

오늘 저녁엔 시원한 빗님이 내렸으면 좋겠다.

한입더!!

빗방울 한 개에 들어 있는 구름 알갱이의 수?

빗방울 지름은 구름 알갱이 지름의 100배 이상이다. 빗방울 한 개에는 10만 개 이상의 구름 알갱이가 들어 있다.

소나기가 내린 뒤 하늘이 맑은 이유?

비가 한바탕 내리고 나면 땅의 온도가 내려간다. 온도가 낮으면 증발되는 게 없으니 공기 속 수증기가 줄어들고, 공기 대류 운동이 약해져서 구름이 만들어질 수 없다. 구름이 없으니 하늘이 맑게 보이는 것이다.

물 폭탄이 뭐예요?

신문에 이런 기사가 난 적이 있어. "한국인은 1만 개의 물 폭탄을 곁에 두고 아슬아슬하게 살아가고 있습니다." 비가 내리는 양은 많아졌는데 비가 오는 날수는 줄어드는 현상을 두고 하는 말이었지. 쉽게 말해 집중 호우가 많아졌다는 거야.

집중 호우라고 말할 수 있는 기준은 두 가지야.

하나는 정해진 시간 안에 내리는 비의 양을 기준으로 해. 한 시간에 30mm 이상 내리거나 하루에 800mm 이상 내리면 집중 호우라고 해.

다른 하나는 장소를 기준으로 하지. 얼마나 좁은 지역에 비가 쏟아지는지가 기준이야. 짧은 시간 안에 10~20km 정도의 좁은 지역에 비가 집중적으로 쏟아지는 경우야. 이런 비는 국지성 호우라고 불러.

집중 호우를 만드는 구름은 적란운 형태인 뇌운이야. 매우 짧은 시간에 천둥, 번개와 함께 집중적으로 비가 쏟아져. 짧게는 20~30분 주기로, 길게는 2~3시간 주기로 쏟아지지. 그래서 이 집중 호우를 두고 물 폭탄이라고 하는 거야.

입하
여름에 들어서는 날

청개구리가 울고 지렁이가 땅에서 나오는 때입니다. 5월 5일, 6일 무렵이지요. 산과 들은 푸르고 새 소리가 들리기 시작합니다. 과수원에는 꽃들이 활짝 피지요. 농촌에서는 모내기 준비가 한창입니다.

온도로 구분하는 세계 기후

사람 얼굴 높이의 온도가 기온!

언제 온도를 확인하지? 목욕할 때 물이 너무 차거나 뜨겁지 않은지 온도계를 볼 때가 있지. 일기 예보를 보면서 오늘은 얼마나 더울까 혹은 얼마나 추울까 확인하고 외출하기도 하고. 온도는 우리 생활과 관련이 많아. 그런데 온도가 뭘까? 온도는 물체의 차고 더운 정도를 수량으로 표시한 거야. 날씨뿐 아니라 과학을 비롯한 모든 영역에서 쓰는 온도는 다 같은 뜻이야.

날씨 얘기를 할 때 기온이라는 말을 쓰기도 하잖아. 기온은 땅 위의 공기 온도를 말해. 사람이 감각을 느끼는 부분은 얼굴이야. 그 얼굴 높이, 정확히 말하면 땅에서 1.2~1.5m 높이의 공기 온도를 기준으로 삼은 게 기온이야. 백엽상을 열어 보면 바로 그 높이에 온도계가 들어 있지.

온도의 기준이 정해진 것은 지금부터 300여 년 전이야. 그 이전까지는 기준 없이 나름대로의 방법으로 온도를 나타냈지. 그러다 과학자들

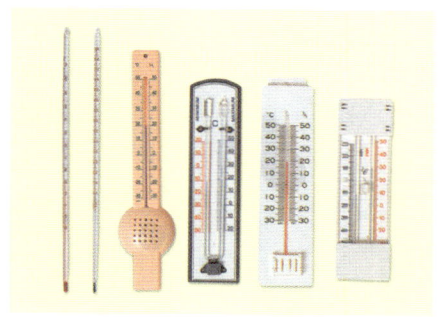

온도계 종류가 많기도 하지?

은 온도계의 눈금을 통일해야 한다는 데 생각을 모았어. 1740년에 물의 어는점과 끓는점을 온도계의 표준 눈금으로 삼게 되었지. 단위는 °C를 쓰고.

온도를 바탕으로 기후를 구분하기도 해. 온대 기후, 열대 기후, 건조 기후, 냉대 기후, 한대 기후 등으로 말이야. 많이 들어 본 말이지? 쾨펜이라는 과학자가 구분한 건데 기후의 영향을 가장 많이 받는 식물의 분포로 세계의 기후를 나눴어.

쾨펜은 세계를 기후에 따라 나누고 알파벳 기호로 표시했어. A는 열대 기후 지역이야. 가장 추운 달의 평균 기온이 18°C보다 높은 지역이지. B는 건조 기후 지역인데 다시 사막과 초원 지역으로 나누었어. C는 가장 추운 달의 평균 기온이 18°C~영하 3°C인 온대 기후 지역이고, D

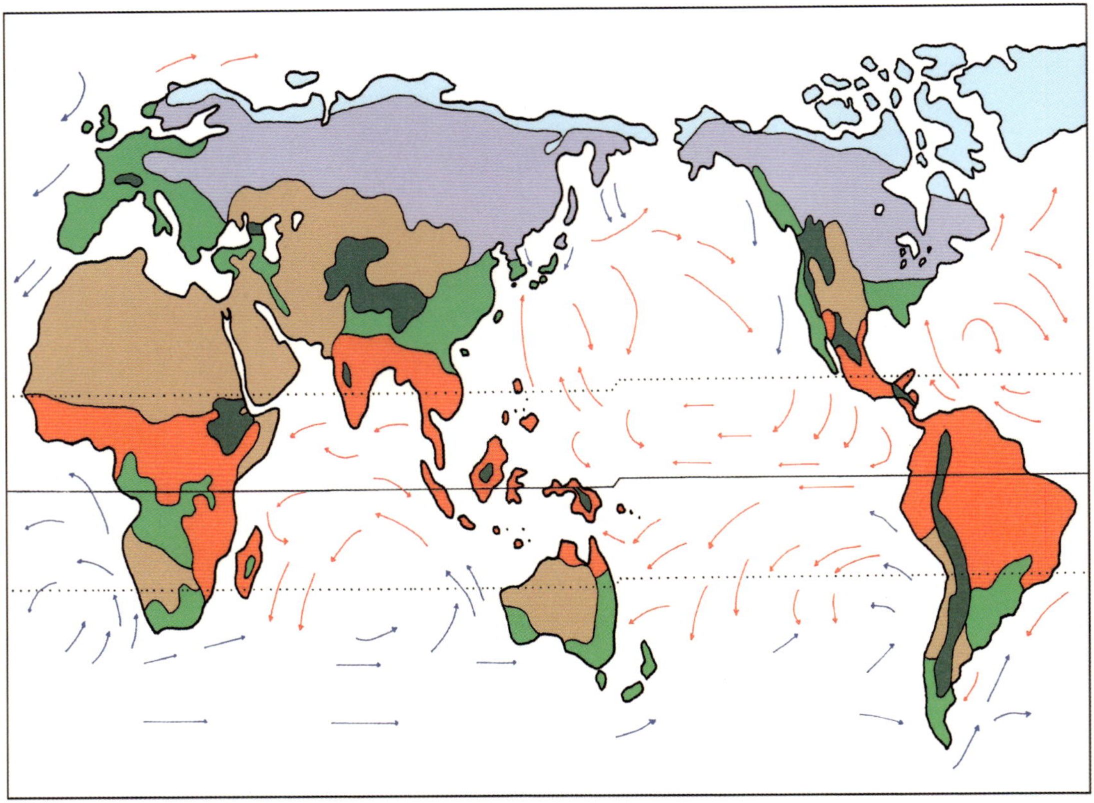

는 추운 달의 평균 기온이 영하 3℃보다 낮고, 가장 더운 달의 평균 기온은 10℃보다 높은 냉대 기후 지역이야. E는 한대 기후 지역인데 가장 더운 달의 평균 기온이 10℃가 안 돼. 마지막으로 F는 가장 더운 달의 평균 기온이 0℃가 안 되는 지역이야. 빙설 기후 지역이라고 하면 될까?

요즘 같은 때 우리나라는 어느 기후에 속할까? 그래도 역시 온대 기후의 날씨를 보여 주지. 갑자기 무더워지는 경우도 있지만 생활하기에는 가장 편한 때잖아. 그래도 힘든 게 하나 있지. 점심 먹고 오후 시간이 되면 세상에서 가장 무서운 것과의 싸움이 벌어질 때지? 바로 졸음! 그러니 저녁에 늦게 자지 말고 시간에 맞춰 자렴.

 한입더!!

온도를 ℃로 나타내는 온도계 이름은?

섭씨온도계라고 부르는데 수은이나 알코올을 넣은 온도계다. 물의 어는점을 0℃, 끓는점을 100℃로 정하고 그 사이를 100등분했다.

에베레스트 산꼭대기 눈은 왜 안 녹아요?

지구에 열을 가장 많이 공급해 주는 건 뭘까? 태양이라고? 아니야. 오히려 태양열을 받은 지구가 내놓는 열이 더 많아. 하루 동안의 최고 기온을 살펴보면 쉽게 알 수 있어. 하루 동안 태양 빛을 가장 많이 받는 때는 12시쯤이거든. 근데 가장 더운 때는 2~3시쯤이잖아. 이때쯤 지구가 태양 빛을 받아 내놓는 열, 즉 복사열이 더 많기 때문이야. 계절을 봐도 알 수 있지. 태양 빛을 가장 많이 받는 때는 하지인데 오히려 가장 더울 때는 7월 말에서 8월 초잖아. 하나 더 생각해 봐. 하늘과 땅 중 어디가 태양 빛을 더 많이 받니? 당연히 하늘인데 온도는 땅 위가 더 높아.

왜 그럴까? 하늘과 땅 가운데 공기가 더 많은 쪽은 땅 위야. 또 공기 알갱이는 지구 중력에 끌리니 땅 가까이 있는 공기는 압력이 큰데 위로 올라갈수록 압력이 낮아지면서 부피가 늘어나. 이렇게 팽창하려면 에너지가 필요하니 온도가 낮아지지. 대개 위로 100m 올라갈 때마다 평균 0.6℃씩 떨어진다고 해. 그러니 높이가 8848m인 에베레스트산 위의 온도는 매우 낮겠지. 늘 눈이 쌓여 있는 이유를 이젠 알겠지?

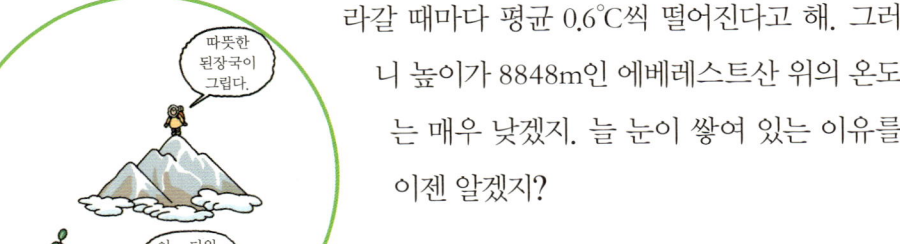

8

소만
본격적인 농사철에 들어서는 날

반소매 옷을 입은 사람들을 많이 볼 수 있는 때입니다. 5월 21일, 22일 무렵이지요. 농촌에서는 밀밭과 보리밭의 이삭들이 누렇게 변하기 시작해요. 모내기한 논도 볼 수 있습니다.

하늘에 올라가지 못한 구름, 안개

아침에 자욱하게 낀 안개를 본 적 있니?

안개는 수증기가 많은 강이나 호수, 바다 등에서 주로 만들어져. 비가 온 뒤에 만들어지기도 하지. 하지만 해가 나면 곧 사라져서 한낮까지 안개가 낀 날은 드물어. 햇빛이 잘 들지 않는 산골은 오후까지 안개에 싸여 있기도 하지만 말이야.

안개는 어떻게 만들어질까? 구름이 만들어지는 원리를 생각하면 쉽게 이해할 수 있어. 안개는 하늘로 올라가지 못한 구름이거든. 땅 위의 구름이라고 할 수 있지.

안개가 만들어지는 원인은 여러 가지지만 반드시 필요한 조건이 있어. 공기 속 수증기의 양이 아주 많은 포화 상태여야 한다는 거야. 공기 속에 더 이상 수증기가 들어갈 수 없는데 계속 수증기가 공급되면 수증기들이 뭉쳐져 물방울이 만들어지겠지. 이 물방울은 계속 공기 중에 떠 있는데 이 물방울이 하늘 위로 올라가면 구름이 되고, 땅 위에 떠 있으면 안개가 되는 거야.

안개에도 종류가 있어. 안개가 낀 상태에서 얼마나 멀리 볼 수 있는 가를 기준으로 나누지. 50m 안에 있는 것도 보이지 않는 가장 짙은 안개, 50~500m 정도에 있는 사물이 보이지 않는 중급 안개 그리고 1km 정도에 있는 사물이 보이지 않는 가벼운 안개로 나누지.

만들어지는 원인으로도 안개의 종류를 나눌 수 있어. 먼저 복사 안개가 있어. 우리가 가장 많이 보는 안개인데 새벽까지 있다가 해가 뜨면 서서히 사라지는 안개야. 낮에 태양빛을 받은 지구가 저녁에 에너지를 내놓으면 땅의 온도는 내려가지. 그러면 땅 주변 온도도 덩달아 내려가서 지면 근처에 있는 공기가 냉각돼 복사 안개가 만들어지는 거야.

그리고 물 위에서 만들어지는 안개가 있어. 이류 안개나 증기 안개야. 따뜻한 바람이 차가운 물 위를 천천히 움직일 때 만들어지는데, 물 표면의 공기 온도가 낮아지면서 물방울이 생기는 거야. 반대로 찬 바람이 따뜻

한 수면을 이동할 때도 만들어지지. 이렇게 만들어진 안개는 복사 안개보다 머무는 시간이 훨씬 길어. 밤낮을 가리지 않고 10시간 이상 갈 때도 있지.

안개는 사람들의 생활에 많은 영향을 끼쳐. 보기엔 좋을 수도 있지만, 피해를 주기도 해. 안개 때문에 가장 곤란한 곳은 공항이야. "인천공항의 짙은 안개 때문에 국제선 비행기들이 김해공항에 내렸다."는 뉴스 들어 본 적 있지? 안개가 아주 짙게 끼면 공항에 커다랗게 모닥불을 피우기도 하고, 헬기를 띄워 땅으로 향하는 공기 흐름을 만들어 안개를 없애기도 해. 그렇게 해도 안개가 없어지지 않으면 제트 엔진을 단

비행기로 공항 활주로를 빙빙 돌기도 한다지.

안개는 농사에도 영향을 많이 줘. 안개가 자주 짙게 끼는 지역에서는 식물들이 자라기 힘들거든. 식물의 호흡과 광합성을 방해하기 때문에 이런 지역에서는 심하면 식물이 말라 죽기도 해. 그래서 안개가 많이 끼는 곳에는 과수원이 별로 없어. 과일이 익을 때 안개가 자주 생기면 과일 표면에 흠집이 생기기 때문이야.

우리나라에서 안개가 자주 끼는 곳은 어디?

우리나라에서 안개가 자주 끼는 곳은 춘천이다. 내륙 지방 중 춘천호, 의암호 등 호수가 많고 산으로 둘러싸인 곳이라 온도 변화가 심하기 때문이다.

 ## 스모그가 뭐예요?

스모그(Smog)는 연기(smoke)와 안개(fog)를 합쳐서 만든 말이야. 석유, 석탄 같은 화석 연료가 타면서 만들어지는 매연이 안개와 섞여 있는 상태를 말하는 거지. 문제는 단순한 물방울이나 고체 입자만 있는 게 아니라 여러 가지 화학 성분이 그 속에 녹아 있다는 거야.

스모그는 오염 물질의 종류와 농도에 따라 런던형 스모그와 로스앤젤레스형 스모그로 나뉘어. 먼저 런던형은 산업 혁명과 인구 증가로 석탄 소비량이 늘면서 생겨났어. 19세기 후반부터 런던을 중심으로 나타났는데 1952년에는 스모그 때문에 수천 명이 죽기도 했어.

로스앤젤레스형 스모그는 자동차의 배기가스에 들어 있는 탄화수소와 질소 산화물의 혼합물이 태양 광선과 만날 때 생기는 물질이 원인이야. 눈앞을 뿌옇게 만들고, 호흡기와 눈을 자극해. 식물 성장을 어렵게 하기도 하지.

이럴 때는 오존도 많이 만들어져서 대도시에서는 오존 주의보를 내리는 경우도 있단다.

망종
보리가 익는 날

여름이 성큼 다가온 때입니다. 6월 6일, 7일 무렵이지요. 까마귀가 나타나고 왜가리가 울기 시작합니다. 농촌에서는 모내기와 보리 베기를 하는 때입니다. 1년 중 농촌이 가장 바쁜 때입니다.

날씨를 관측하는 다양한 방법

달무리가 졌군. 내일은 우산을 챙겨야겠네.

　언제부터 사람들이 날씨를 예측하기 시작했을까? 정확하진 않지만, 무당이나 제사장이 사회의 지도자 역할을 했던 때부터 날씨에 관심을 가졌던 것 같아. 무당이나 제사장은 자신을 따르는 사람들에게 능력을 보여 주어야 했을 텐데, 날씨를 예언하는 것도 그 능력 가운데 하나였겠지. 그때는 날씨를 관찰할 장비가 없었기 때문에 단순한 관찰과 경험으로 예측했을 거야. 이를테면 구름이나 동물의 움직임, 몸으로 느끼는 기온의 변화 등으로 말이지.

　하지만 조금은 과학적인 방법으로 날씨 예측을 한 기록도 있어. 가령 저녁노을이 붉으면, 다음 날은 맑다거나, 햇무리나 달무리가 끼면 비가 온다거나 하는 것들이야. 대부분 경험으로 얻은 지식인데 과학적으로 설명할 수 있는 것들도 많아.

　요즘엔 날씨 관측을 어떻게 할까? 일기 예보를 하기 전에 어떤 과정을 거칠까? 하늘과 바다는 기본이고, 레이더나 인공위성을 이용해서 정밀하게 기상 관측을 하기도 해.

먼저 하늘에서는 어떻게 관측하는지 알아볼까? 하늘에서 일어나는 일은 '라디오존데'라는 기구를 이용해서 관측해. 풍선에 라디오존데를 매달아 띄우지. 라디오존데에는 센서가 붙어 있는데 하늘로 올라가 기온, 기압, 수증기의 양 등을 측정해서 지상의 관측 시설로 결과를 보내 줘. 라디오존데가 없었을 때는 연을 띄우거나 사람이 기구를 타고 올라가서 관측하기도 했대. 연을 이용해서 9000m 이상의 하늘에서 일어나는 일들을 알아봤다는 기록도 있어.

요즘엔 비행기도 기상 관측에 중요한 역할을 해. 비행기에 자동 기상 관측 센서를 붙여 놓는 거야. 그래서 비행기가 뜨고 내릴 때뿐 아니라 비행을 하면서 기상 자료를 관측하여 지상으로 보내 주지.

하늘과 땅만 아는 것으로 예보를 할 수는 없지. 날씨에 영향을 주는 게 남아 있잖아. 지구 전체의 70%를 차지하고 있는 물! 바다에서는 어떻게 날씨를 알아볼까? 우선

여긴 온도가 낮아. 비도 올 것 같아.

그래? 고마워.

파랑도에 있는 해양과학기지야.

관악산에 있는 기상 레이더!(기상청 제공)

기상 위성! 구름 사진을 보내 주지.

바다를 떠다니는 배에서 보내오는 기상 정보를 모으는 기상 관측선이 있지.

제주도 아래에 있는 파랑도라는 섬 들어 보았니? 이름은 섬인데 사실은 바닷속에 있는 암초야. 파도가 심할 때만 보인다고 해. 우리나라의 해양과학기지는 파랑도에 있어. 이 기지 안에 바다 기상 관측 시설이 있는데 2003년부터 관측을 시작했단다.

일기 예보에 중요한 역할을 하는 또 하나는 기상 레이더! 기상 레이더로는 태풍이나 장마 전선 등을 관찰해. 레이더에서 구름에 전파를 쏘아 보내고 되돌아오는 전파를 브라운관에 비추면 구름 모습이 나타나거든.

우리나라는 1969년 관악산에 처음으로 기상 레이더를 설치했어. 관악산의 기상 레이더로는 500km 정도까지 탐지할 수 있대. 관악산과 기상청을 전파로 연결해서 원격 조종이 가능하다고 해.

서귀포에는 이동식 기상 레이더가 1987년에 설치됐어. 우리를 공포로 몰아넣는 태풍을 관측하기 위한 것으로, 태풍이 올라오는 길을 예측해. 태풍 관측 외에도 강수 및 바다의 안개 등도 탐지해 낼 수 있어. 여기서 관측되는 자료는 기상청으로 보내져 일기 예보 자료를 만드는 데 참고 자료로 쓰인단다.

모두 첨단 시설들이지만 이것만으로는 정확한 기상 관측을 하기는 어려워. 그래서 기

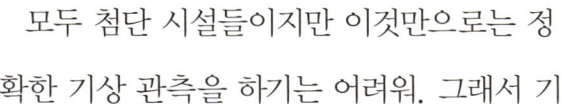

상 관측을 목적으로 하는 인공위성이 등장했어. 이 인공위성을 기상 위성이라고 불러. 1960년 4월에 미국에서 쏘아 올린 타이로스가 최초의 기상 위성이야. 우리나라는 2010년에 정지 궤도 천리안위성을 동경 128.2°에 쏘아 올렸어. 지금은 2018년에 쏘아 올린 천리안위성 2A호가 좀 더 확실한 관측 자료를 보내 주고 있어.

요즘에는 이웃한 나라끼리는 서로의 위성 사진을 주고받으며 날씨 관측을 하고 있어. 일기 예보를 보면 위성 사진이 꼭 나오잖니. 오늘 일기 예보에서도 보이네. 어, 저 구름을 보니 내일은 비가 올 것 같은데. 학교 갈 때 우산 꼭 챙겨라.

일기 예보에서 말하는 '조금'은 '얼마나 조금'이에요?

일기 예보를 보면 분명하지 않은 말이 많이 나오지. '조금', '다소', '매우'……. 알쏭달쏭하게 들리지만 모두 정해 놓은 수량이 있단다. 비와 바람의 예를 살펴볼까?

비	
매우 조금	강수량 1mm 미만
조금	강수량 5mm 미만
다소	강수량 5~20mm 미만
다소 많음	강수량 20~80mm 미만
많음	강수량 80mm 미만(주의보)
매우 많음	강수량 150mm 미만(경보)

바람	
매우 약하다	1m/s 이하(순간 최대 2m/s 이하)
약하다	2~4m/s(3~7m/s)
다소 불다	5~8m/s(8~12m/s)
다소 강하다	9~12m/s(13~18m/s)
강하다	13~17m/s(19~25m/s)
매우 강하다	18m/s 이상(26m/s 이상)

바람의 세기를 나타내는 단위는 초속(m/s)을 써. 바람이 1초(s)에 몇 미터(m)를 가는지를 말하는 거야.

이젠 일기 예보를 보면서 다음 날의 비나 바람 정도를 예상할 수 있겠지?

하지

여름 한가운데로 들어가는 날

1년 가운데 낮이 가장 긴 날입니다. 6월 21일, 22일 무렵이지요. 더위가 본격적인 모습을 드러내고, 일기 예보에서는 장맛비가 온다고 합니다. 논밭에는 푸른 물결이 출렁입니다.

장마가 오는 이유

장마는 우리나라 여름에 나타나는 대표적인 기상 현상이야. 대개 30일 정도 계속되지. 그래서 우리나라 계절은 사계절에 장마를 더해서 '오계절'이라고 말하는 사람도 있어. 장마는 우리나라뿐 아니라 중국과 일본에서도 나타나는데, 동남아시아 지역의 몬순과 관계가 있어.

장마는 어떻게 만들어질까? 장마를 알려면 우리나라에 영향을 주는 기단을 먼저 이해해야 해.

여름에 우리나라 날씨를 결정하는 건 북태평양 기단이야. 북태평양 기단은 겨울에 시베리아 기단에 밀려 태평양의 하와이 근처까지 가 있어. 그러다 여름이 가까워지면 점점 세력을 넓혀 6월 말에는 우리나라 남쪽 바다까지 오지. 이 기단은 바다에서 발달한 공기 덩어리라 습기를 많이 포함하고 있고, 또 열대 지방에서 만들어진 기단이라 상당히 더워. 이 북태평양 기단 덕에 후텁지근하다는 말도 만들어졌겠지.

우리나라 여름철에는 동해 바다 북쪽에서 또 다른 기단이 발달해. 오호츠크해 기단인데 이 기단이 만들어진 곳인 오호츠크해는 겨울 내내 얼음으로 덮여 있어. 봄이 되면 시베리아 대륙의 눈과 얼음이 녹은 물이 오호츠크해로 흘러들어서 이 바다는 대륙에 비해 온도가 10℃ 정도 낮아지게 돼. 이 근처에 머물러 있던 찬 공기가 오호츠크해 기단을 만드는 거야. 오호츠크해 기단도 바다에서 발달했기 때문에 습기를 많이 머금고 있고, 또 찬 공기로 만들어졌으니까 온도가 낮아.

장마는 이렇게 성질이 다른 북태평양 기단과 오호츠크해 기단이 만나면서 시작돼. 두 기단이 만나면 장마 전선이 만들어져서 밀고 당기는 과정을 되풀이해. 이 기간이 길어지면 장마가 되는 거야.

서로 세력을 키우면서 밀고 당기기를 계속하면 장마 전선은 남북을 오르내리거든. 그 과정에 구름이 남북을 오르내리면서 비를 뿌리는 거야. 두 기단 모두 습기를 많이 품고 있으니 구름을 많이 만들 수 있어. 이때 내리는 비의 양도 상당해. 집중 호우가 쏟아져 홍수 피해를 입기도 하지.

장마 전선의 위치는 때에 따라 달라. 장마가 시작되는 6월 하순쯤에는 일본에 걸쳐 있다가 7월 중순쯤엔 우리나라 중부 지방까지 올라와. 그러다 북쪽의 고기압이 강해지면 다시 밀려 내려가지.

이렇게 오르내리기를 반복하던 장마 전선은 오호츠크해 기단 세력이 약해지면 활동이 약해져. 그리고 북태평양 고기압이 더욱 세력을 키우지. 힘센 북태평양 기단이 약해진 오호츠크해 기단을

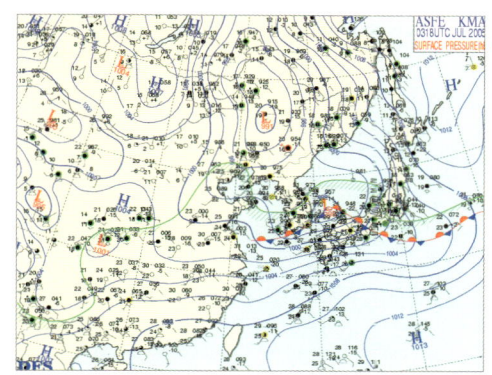

장마 전선이 우리나라 남쪽 지방에
걸쳐 있네.(기상청 제공)

밀고 북쪽으로 올라가다가 중국 북동부 지방인 만주까지 가야 비로소 장마가 끝나는 거야.

장마가 시작되면 특히 조심해야 하는 게 있어. 먹는 거! 햇빛은 없고 습기가 많은 때니까 무엇보다 음식에 주의해야 해.

한입더!!

몬순이란?

몬순은 아라비아 상인들이 쓰던 '마우심'이라는 말에서 나왔다고 한다. '마우심'은 아라비아 말로 '계절'을 뜻한다. 몬순은 계절에 따라 부는 바람인 '계절풍'을 나타내는 말이다.

기단과 전선이 뭐예요?

기단은 온도나 습도가 비슷한 공기들이 수평으로 펼쳐져 있는 것을 말해. 수직 방향으로도 비슷한 성질을 가진 공기가 덩어리를 만들고 있지. 가로가 수백 km에서 수천 km, 높이가 1km 정도에서 10km 정도로 아주 크지. 쉽게 생각하면 키는 작지만 엄청나게 뚱뚱한 공기 덩어리야.

성질이 비슷한 땅이나 바닷물 위에 공기가 머물러서 땅이나 바다의 특성을 받아들이니 기단은 주로 넓은 대륙 위나 바다 위에서 만들어져. 그래서 시베리아 기단이나 북태평양 기단이라는 이름을 가지고 있어.

전선은 밀도가 다른 기단의 경계가 지표면 등과 엇갈릴 때 생기는 선이야. 만나는 기단의 종류나 상태에 따라 몇 가지가 있어. 차가운 기단이 따뜻한 기단 쪽으로 밀고 가면 한랭 전선, 반대가 되는 경우에는 온난 전선이라고 해. 두 전선이 함께 만들어지는 경우도 있는데 이런 건 폐색 전선이라고 불러. 장마 전선은 정체 전선이라고도 부르지. 두 기단이 힘겨루기하면서 오래 머물러 있는 전선이라는 말이야.

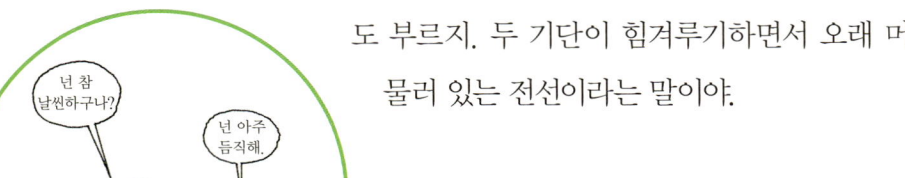

소서
더위가 시작되는 날

더위가 본격적으로 시작되는 때입니다. 7월 7일, 8일 무렵이지요. 장마철이라 쉽게 움직이지는 못하지만, 휴일이면 더위를 피할 공간을 찾게 됩니다. 시장에는 햇감자와 옥수수가 나와 있습니다.

천둥과 번개

천둥과 번개, 아니 번개가 먼저니까 번개와 천둥인가? 번개와 천둥을 이해하려면 방전이라는 말부터 알아야 해. 전기를 내놓는 것을 방전이라고 해. 건전지를 쓰다 보면 전기가 없어지지. 바로 방전 때문이야. 전기는 +극과 −극을 갖잖아. 방전은 두 극이 성질을 모두 잃어버리는 거라고 생각하면 돼. 번개는 자연계에서 우리가 볼 수 있는 커다란 방전 현상이야.

옛날부터 사람들은 천둥과 번개를 꽤 무서워했어. 옛날이야기에도 많이 나오잖아. 벼락이 치는 건 하늘이 죄를 지은 사람에게 벌을 내리는 거라고. 정말 죄지은 사람들은 번개가 치는 날엔 마음이 조마조마했을 거야. 번개 칠 때는 큰 나무 밑으로 들어가지 말라는 말도 있는데, 들어 봤지?

　사람들은 전기가 무엇인지 알게 되면서부터 번개를 연구하기 시작했어. 그리고 천둥과 번개는 전기를 통해 만들어지는 자연 현상이라는 걸 밝혀냈지.

　미국의 벤저민 프랭클린이라는 과학자는 18세기 말 무렵에 '번개는 전기의 한 종류다'라는 글을 발표했어. 그러고는 아들과 함께 번개의 성질을 확인하기 위한 실험을 했어. 꽤 위험한 실험이었지.

　프랭클린은 비단으로 연을 만들고 그 위에 작은 구리 막대를 세웠어. 그리고 구름이 잔뜩 낀 날 천둥과 번개가 생기는 구름 속으로 띄웠어. 바닥 쪽에 있는 연줄 끝에는 금속 열쇠를 걸어 두었지. 전기가 생기면 연줄을 타고 전해질 거라고 생각한 거야. 프랭클린의 생각대로 비에 젖은 연줄을 타고 전기가 전해졌어. 그가 열쇠에 손을 대려고 하는 순간 열쇠에서 불꽃이 튀었거든. 프랭클린은 '번개는 전기의 한 종류'임을 증명했지. 열쇠를 조금만 잘못 만졌어도 프랭클린은 죽음으로 이 사실을 증명했을 거야. 프랭클린은 아직 번개의 위력을 몰랐기 때문에 용감하게도 그런 실험을 할 수 있었던 거야.

우르르 꽝꽝! 천둥과 번개.
착한 아이는 번개가 무섭지 않겠지?

천둥과 번개는 구름 속에 들어 있는 전기가 서로 끌어당기는 과정에서 만들어져. 구름에 들어 있는 전기가 어떻게 +극과 -극으로 나누어지는지에 대해서는 아직 확실한 이론은 없어. 물이 어는 현상이 전기가 만들어지는 데 중요한 역할을 한다고 생각하는 학자도 있어.

번개가 칠 때 만들어지는 전기의 양은 엄청나. 구름 속에 있는 전기들이 서로 끌어당기는 과정에서 격렬한 불꽃이 생기는데 이게 번개야. 그럼 천둥은 뭘까? 번개가 친 다음에는 꼭 천둥소리가 나지. 천둥소리는 공기의 움직임 때문에 나는 거야. 번개의 열을 받은 공기는 번개가 지나가고 나면 바로 식겠지. 그럼 공기의 부피가 줄어들 거야. 늘었던 부피가 순간적으로 줄면서 엄청난 진동이 생겨. 늘고 줄기를 반복하면 주변의 공기가 많이 흔들리게 되잖아. 이 진동이 소리를 만드는 것이지. 천둥소리도 꽤 큰 파괴력을 갖는 충격파야.

울창한 삼림 지역에 번개가 치면 어떤 일이 일어날까? 해마다 번개 때문에 세계 여러 지역에서 산불이 발생해. 번개는 이렇게 사람에게 피해를 주기도 해. 높은 건물에는 피뢰침이 있으니 위험이 덜하겠지만 사람에게는 피뢰침이 없잖아. 그래서 여름이면 번개에 피해를 입는 사람들이 생기는 거란다.

번개는 무선 통신에도 많은 장애를 주지. 번개가 칠 때 생기는 전자파 때문이야. 번개 칠 때 텔레비전 화면이 막 떨리잖아. 바로 그거야. 철로의 자동신호 장치나 유도탄, 인공위성 등의 원격 조종 장치를 마비시

키기도 해. 생각만 해도 무섭지.

하지만 번개가 우리 생활에 도움을 주는 경우도 있어. 번갯불에 콩을 구워 먹을 수 있다고? 그건 우스갯소리고……. 번개가 치면 공기에 들어 있는 산소와 질소가 열을 받으면서 성질이 변해. 그 결과로 이산화질소라는 물질이 새로 생기는데 이산화질소가 우리에게 도움을 주는 거야. 이산화질소가 빗물에 녹아서 땅에 떨어져 땅속의 여러 물질과 섞이면 질산이라는 성분을 만들어. 흙을 기름지게 만드는 비료 성분이지.

비료 얘기가 나왔네. 농사 얘기로 마무리할까. 소서와 관련된 재미있는 속담이 하나 있어. "소서 때는 지나가던 사람도 달려든다." 무슨 뜻이냐고? 소서까지 모내기를 못 하면 그해 벼농사를 망칠 수도 있거든. 그러니 이때 모내기하는 걸 보면 지나가던 사람도 달려들어서 거들어야 한다는 거야. 오늘 저녁 번개는 비료를 많이많이 만들어서 올해 풍년이 들었으면 좋겠다.

벼락이란?

벼락도 번개와 같다. 다만 구름끼리의 방전이 아니라 구름과 땅에 있는 물체 사이에서 생기는 방전 현상이 벼락이다. 그래서 구름 속의 전기와 땅 위의 물체 사이에서 불꽃 방전이 일어나는 것이고, 높이 있는 물체가 전기와 먼저 만나게 될 테니 벼락이 칠 때 큰 나무 밑으로 피하지 말라고 하는 것이다.

왜 번개가 친 다음에 천둥소리가 나나요?

천둥과 번개는 동시에 만들어지는데 왜 번개가 치고 한참 있다가 천둥소리를 듣게 될까?

이건 빛과 소리의 전달 속도가 다르기 때문이야. 빛은 1초에 30만km 정도를 나아가는데 소리는 1초에 340m 정도 나아가지. 숫자만 보면 소리가 느린 것 같지만 소리도 엄청 빨라. 하지만 빛보다는 느리지. 그래서 번개가 친 다음에 천둥소리가 나는 거야.

번개와 천둥소리의 시간 간격을 알면 번개가 만들어진 지역과의 거리를 측정할 수도 있어. 번개와 천둥소리가 거의 동시에 느껴진다면 아주 가까운 곳에서 번개가 만들어진 거야. 번개를 보고 천둥소리가 들릴 때까지 시간을 재어 볼까. 자, 준비! 번개를 보고 하나, 둘, 셋…… 아홉. 9초 후에 천둥소리를 들었거든. 이제 거리를 계산해 보자. 소리가 1초에 340m 가니까 340m×9초=3060m. 3km 정도 떨어진 곳에서 만들어진 번개네.

12

대서
큰 더위가 오는 날

한낮에는 움직이기조차 싫은 때입니다. 7월 23일, 24일 무렵이지요. 논밭의 김매기도 다 끝나서 농부들은 한숨을 돌리고, 도시 사람들은 바닷가로 본격적인 피서를 떠납니다.

공기의 흐름, 바람

"바람 한 점 없는 날씨."라는 말이 있지. 무더운 날 하는 말이야. 그런데 바람을 점으로 나타낼 수 있을까? 먼저 바람이 뭔지 알아볼까?

문을 꼭 닫아 놓은 방에서 갑자기 창문을 열면 어떻게 되지? 당연한 걸 묻는다고? 그래, 바람이 들어와. 이때 들어오는 바람이나 바깥에서 느끼는 바람이나 부는 원리는 같아.

바람은 공기의 움직임이야. 특히 수평 방향으로 움직이는 공기의 흐름을 말해. 공기의 흐름은 물의 흐름과 비슷해. 하지만 위에서 아래로 흐르는 물과 달리 공기는 기압이 높은 곳에서 낮은 곳으로 흘러. 기압은 공기의 압력이라는 말이지. 이 공기의 흐름이 바람을 만드는 거야.

　풍선을 불면 빵빵해지지? 왜 그럴까? 바람을 불어넣었기 때문이잖아. 그러고 나서 빵빵해진 풍선의 입구를 열면 바람이 나오지. 풍선 속은 공기가 밖으로 나가려고 밀고 있는 고기압 상태고 밖은 공기의 압력이 작은 저기압 상태라서 그래.

　공기는 기압 차이가 없어질 때까지 계속 흘러. 창문을 열 때와 시간이 좀 지난 후에 바람 세기가 달라지잖아. 시간이 흐르면 바람이 약해지는데 방 안과 바깥의 기압 차이가 줄어들어서 공기가 느리게 흐르기 때문이야.

　우리가 사는 지구 곳곳에는 그 지방의 온도나 지형에 따라 공기 압력에 차이가 있어. 이 기압 차에 의해 공기의 흐름이 생겨 바람이 만들어

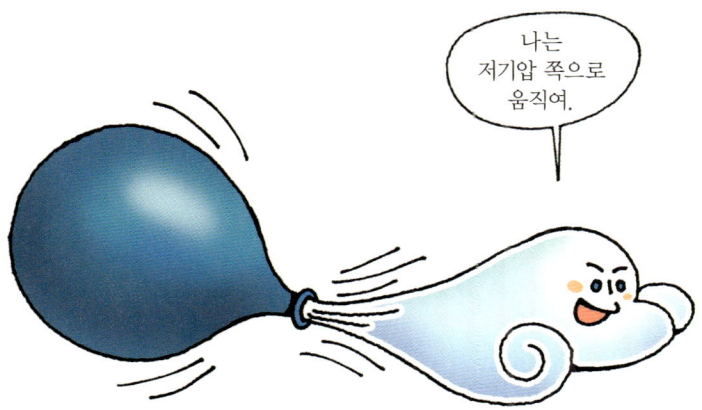

풍향계를 봐!
지금 바람은 어느 쪽으로 불지?

지는 거야.

바람과 인간의 관계를 생각해 보자. 인간에게 가장 많은 영향을 미치는 건 바람이 불어오는 방향과 속도야.

사람들에게는 바람의 방향이 무척 중요했어. 배도 바람으로 움직였기 때문에 사람들은 아주 오래전부터 바람의 방향에 관심을 가졌어. 그래서 바람 이름에도 방향이 들어 있지. 동쪽에서 부는 바람은 동풍, 남쪽에서 부는 바람은 남풍. 사람들은 동·북·서·남 네 개의 방위와 그 사이에 있는 동남, 남서, 북서, 북동을 더해 바람의 방향을 여덟 개로 만들었어. 바람 방향을 16개로 나누는 때도 있어. 풍향계가 꼭 필요하겠지.

바람의 방향도 이렇게 중요했지만 사람들에게는 바람의 속도가 더 문제였어. 당연히 사람들은 바람의 속도에도 많은 관심을 가졌지. 생활 터전을 망치기도 하는 강력한 바람들이 문제였어.

태풍과 같은 강력한 바람들 말이야. 태풍은 아주 빠르게 움직이는 공기의 흐름이거든.

기압 차가 클 때 이런 바람이 만들어져. 가까운 곳에 있는 지역의 기압 차가 크면 클수록 공기는 빠르게 흘러. 그러면 바람의 속도도 빨라지고 바람의 힘도 세지는 거야. 무엇보다 그때그때 변하는 게 바람이야.

어, 커튼이 움직이네. 바람이 부나 봐.

위아래로 움직이는 공기의 흐름은?

공기의 흐름이 위아래로 움직이는 건 기류라고 부른다. 위로 올라가면 상승 기류라고 하고, 아래로 내려오면 하강 기류라고 한다.

바람이 시원한 이유는 뭘까?

지구에서 가장 더운 적도 지방은 공기가 데워져서 저기압이 주로 만들어지고, 반대로 추운 남극과 북극 지방은 고기압이 만들어진다. 그래서 추운 극지방에서 더운 적도 지역으로 바람이 불어오니까 시원한 것이다.

동풍은 우리말로 뭐라고 해요?

동풍은 우리말로 '샛바람'이라고 해. '새'라는 말은 동쪽을 말하거든. 아침에 해가 뜨는 것을 "동이 튼다."라고도 하고, "날이 샌다."라고도 하지. '새'와 '동'은 같은 뜻이야.

서풍은 '하늬바람'이라고 해. '하늬바람'은 가을에 부는 바람이라고 해서 '갈바람'이라고 부르기도 하지.

남풍은 '마파람'이라고 하지. '마'는 '마주'에서 나온 말이야. 이게 다시 '맞'으로 변한 거지. 그런데 왜 남풍이 '맞바람'이냐고? 우리나라 집 구조를 생각해 보면 이해하기 쉬울 거야. 대부분의 집이 남쪽을 향하고 있잖아. 그래서 집에 마주 불어오는 바람이라는 뜻에서 맞바람, '마파람'이 된 거야.

마지막으로 '높바람'은 북풍을 가리키는 말이야. 우리나라 지형을 보면 대개 북쪽이 높은 편이지. 남쪽을 향하고 있는 집 뒤에는 높은 산이 있는 경우가 많아. 그래서 뒤에서 부는 바람과 북쪽에서 부는 바람은 높은 데서 부는 바람이었어. '높바람'은 그렇게 나온 말이야. '된바람'이라고 부르기도 해.

입추
가을에 들어서는 날

가을의 시작이라고 하지만 사실 가장 더울 때입니다. 8월 8일, 9일 무렵이지요. 이때가 되면 장마도 거의 끝나고 논의 벼 이삭도 얼굴을 내밉니다.

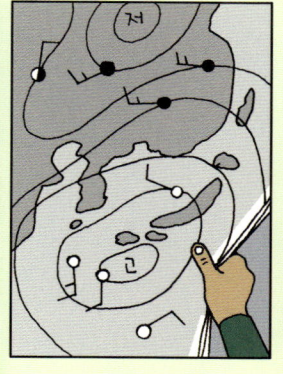

일기도 보는 법

날씨에 영향을 미치는 구름의 양, 바람의 방향, 기압의 상태 등을 한눈에 볼 수 있게 만든 것을 일기도라고 해. 기압의 배치와 바람의 세기와 방향, 구름이 낀 정도가 분명하게 나타나지.

일기도에 날씨를 어떻게 표시할까? 날씨에 영향을 미치는 자연 현상을 약속된 기호로 나타내. 그러니 기호를 제대로 알아야 일기도에 나타난 날씨의 상태와 변화를 알 수 있어.

가장 먼저 봐야 할 것은 원이야. 구름이 많을수록 검은색이 많지.

다음은 원에 연결된 직선을 봐야 해. 직선은 바람 방향이고 그 직선 끝에 있는 날개 달린 선은 바람의 속도야. 바람을 나타내는 선이 북쪽을 향하고 있으면 북풍이 분다는 뜻이야.

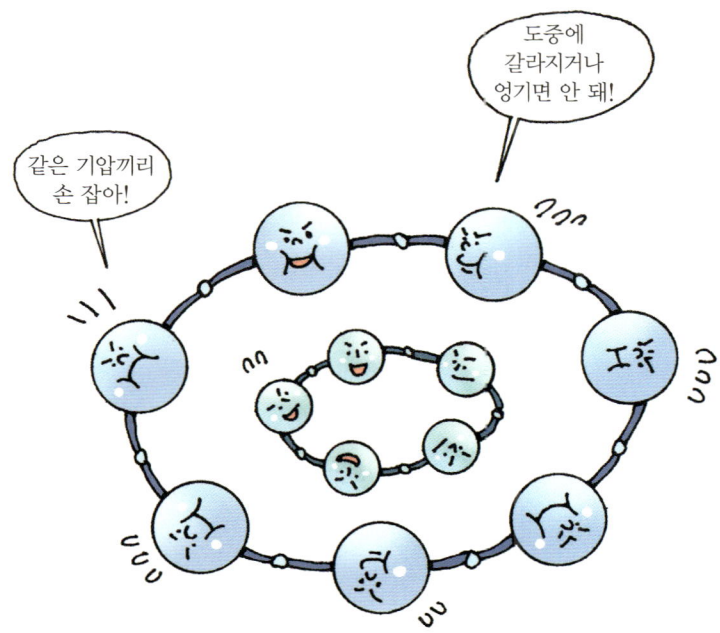

날개가 많을수록 바람이 강하게 부는 거야.

　두 번째는 일기도 전체를 채우기도 하는 등압선이야. 지도에서 땅 높이가 같은 점끼리 연결해 등고선을 그리지? 일기도에서는 기압이 같은 점끼리 연결해서 끝이 만나는 폐곡선을 그려. 이걸 등압선이라고 해. 등압선은 서로 교차하거나 도중에 두 갈래로 갈라질 수 없어. 다른 두 등압선이 한 등압선으로 합쳐질 수도 없고. 반드시 폐곡선이어야 해. 그렇지 않으면 일기도의 가로나 세로의 마지막 부분에서 끝나야지. 등압선을 따라 고기압 쪽에서는 바람이 불어 나가고, 저기압 쪽에서는 바

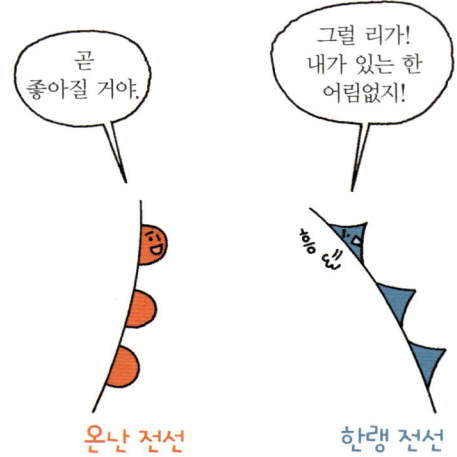

람이 불어와. 그러니 일기도를 보면 바람의 방향을 짐작할 수 있어.

일기도를 보면 올록볼록한 반 동그라미나 세모가 연결되어 있는 기호가 있을 거야. 이건 전선 기호라고 해. 대개 전선 근처는 날씨가 나쁘기 때문에 전선이 어디에 있는지 살피는 일은 중요하단다. 그럼 전선 기호를 읽어 볼까. 온난 전선이 있는 지역 날씨는 나쁜 편인데 나중에 좋아져. 한랭 전선은 좁은 지역에 영향을 미치는데 한랭 전선이 있는 지역에서는 나쁜 날씨가 이어지지.

우리나라의 계절별 일기도를 살펴볼까?

우리나라 봄 날씨는 양쯔강 기단의 영향을 받아. 봄의 일기도에는 중국 대륙 쪽에 이동성 저기압과 고기압이 있어. 그러니 바람은 북서풍이나 서풍이 불겠지.

여름 날씨는 북태평양 고기압의 영향을 받아. 이 기단이 오호츠크해 기단과 만나서 장마 전선을 만들어. 북태평양 고기압이 강하니 바람은 남동쪽에서 불어오지.

가을 날씨는 양쯔강 기단의 영향을 받아. 이동성 고기압이 주기적으

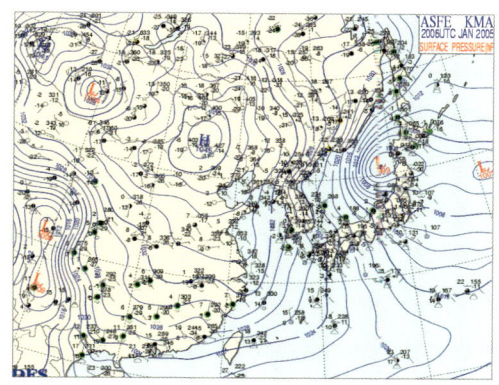

일기도를 읽어 볼까? 중국 쪽에 고기압이
있네. 어느 계절일까?(기상청 제공)

로 통과하기 때문에 비교적 맑은 날씨가 많지만 오호츠크해 기단이 발달하면 가을 장마가 올 수도 있어.

　겨울에는 차고 건조한 시베리아 고기압의 영향을 받아. 중국 쪽에는 고기압, 북태평양 쪽에는 저기압이 자리하고 있어서 서고동저형이라고들 하지. 바람은 당연히 북서 계절풍이 불게 되고. 대개 이때쯤이면 등압선 간격이 매우 좁아지지. 그러니 차가운 바람이 강하게 불게 돼.

무지개는 어떻게 만들어지나요?

　우리나라 한여름에 볼 수 있는 기상 현상 중에는 아름다운 무지개도 있어. 무지개는 빛이 만드는 기상 현상으로, 땅에서 하늘 방향으로 만들어지는 반원 모양의 고리야. 주로 태양 맞은편에서 만들어지지.

　무지개는 공기 속에 들어 있는 물방울이 빛을 받아 나타나는 현상이야. 그래서 비가 온 직후에 무지개가 만들어지는 거야. 물방울에 닿은 태양 빛은 일곱 가지 색, 혹은 다섯 가지 색으로 퍼지는데, 가장 많이 퍼지는 빨간색 쪽이 더 선명하게 보이고 그렇지 못한 보라색 쪽은 흐릿하게 보여. 이렇게 바깥쪽이 빨간색, 안쪽이 보라색으로 보이는 무지개를 1차 무지개라고 해. 쌍무지개라는 말 들어 본 적 있니? 무지개가 나타났을 때 가끔은 바깥쪽에 또 다른 무지개가 보이는 경우도 있는데 이게 쌍무지개야.

　공기 중의 물방울 속에서 빛이 두 번 굴절해서 반사되면 쌍무지개가 생겨. 1차 무지개 바깥쪽에 나타나고, 색 순서는 1차 무지개와는 반대야.

처서
더위가 물러가는 날

우리나라에 태풍이 몰려오는 때입니다. 8월 23일, 24일 무렵이지요. 논과 밭의 곡식들은 누렇게 변하고, 벌써 가을 무와 배추를 심은 밭도 있습니다.

태풍이 불어오는 원리

태풍! 이름만 들어도 겁나지? 우리나라, 일본, 필리핀, 타이완, 중국 등 극동 아시아 지역에 사는 사람들은 태풍을 무서워해. 엄청난 바람이 불거든.

엄청난 위력을 갖는 태풍은 전 세계에서 1년 동안 80개 정도 생겨. 이 센 바람의 이름은 어디서 발생하느냐에 따라 달라지지. 태풍은 우리나라에 불어오는 바람 이름인데 북태평양에서 발생해.

태풍은 적도에서 약간 떨어진 열대 바다 위에서 만들어지는데 몹시 덥고 기압이 낮을 때 만들어져. 바닷물의 표면 온도가 26°C 이상이고, 물과 공기의 온도 차이가 1~2°C 이상 되면 만들어지기 시작해.

물의 온도는 높은데 주변 공기의 온도는 상대적으로 낮은 상태야. 그럼 어떤 일이 생길까? 물에서 증발 현상이 활발하게 이루어지겠지. 증발한 수증기는 공기 속으로 들어가고, 덥혀진 공기는 위로 올라가면서 주변에 있는 덥고 습기를 많이 포함한 공기들을 끌어들이게 돼.

지구의 자전도 태풍을 만드는 데 한몫해. 지구가 자전을 하면 땅덩어리만 도는 게 아니고 지구를 둘러싸고 있는 공기도 함께 돌아. 이때 회오리가 생기는 거야.

이 회오리는 엄청난 에너지를 갖게 돼. 태풍 속에서 회오리가 위로 올라가면 바로 주변에 있는 공기가 또 모여들게 돼. 공기가 모여드는 양과 속도를 생각해 봐. 우리가 생각할 수도 없을 만큼 굉장한 힘을 갖게

태풍의 눈엔 바람도 구름도 없어.
(기상청 제공)

되지. 이렇게 모여드는 공기의 흐름이 태풍을 만드는 거야.

태풍 사진을 보면 구름 가운데에 동그란 공간이 보일 거야. 이게 '태풍의 눈'이야. 회오리가 만들어지면서 생기는 공간인데 재미있게도 이 공간에는 바람도 구름도 없어. 주변에는 아주 높은 구름들이 둘러싸고 있지만 비도 바람도 없는 거야. 자연의 힘은 참 오묘하지.

우리나라에 태풍이 부는 때는 7월에서 10월 사이야. 태풍이 나아갈 길이나 이동하는 속도를 정확하게 알 수만 있다면 피해가 적을 텐데 이건 너무 어려운 일이야. 기상 과학이 많이 발전했지만 아직도 정확하게 맞히지 못하기도 해.

태풍은 태평양, 주로 필리핀 동쪽 바다에서 만들어져서 먼저 베트남과 타이완 지역으로 움직여. 그러면서 태평양과 맞닿은 육지를 따라 움직이는데 대개 중국으로 빠져. 그러다가 중국 쪽에 고기압이 강하면 방향을 일본 쪽으로 바꿔. 이럴 경우 우리나라에도 영향을 미치게 되지. 우리나라에 피해를 주는 건 주로 8월에서 9월에 발생하는 태풍들이야.

특히 우리나라에 접근하는 태풍은 진행 방향을 예측하기 힘든데 북위 25°에서 30° 부근에서 방향이 바뀌는 경우가 많기 때문이야. 그러니 기상청에서 일하는 분들이 태풍만 나타나면 너무 고생을 하는 거야. 올해는 제발 큰 태풍이 안 만들어졌으면······.

지역별로 다른 태풍의 이름?

북대서양이나 멕시코만에서 주로 발생하는 바람은 '허리케인'이라고 한다. 인도양에서 발생해 아라비아해, 벵골만을 거치는 바람은 '사이클론', 오스트레일리아 근처 남태평양에서 발생하는 바람은 '윌리윌리'라고 부른다.

태풍은 왜 바다에서 만들어질까?

육지는 공기가 건조하고 산도 있고 바위도 있고 나무도 있어서 공기가 움직이다 보면 부딪치는 게 많아 마찰력이 커진다. 공기의 마찰력이 커지면 만든 에너지를 거기에 쓰게 된다. 육지에 있는 공기의 에너지가 작아서 육지에서는 태풍이 만들어질 수 없는 것이다.

태풍 이름은 어떻게 지어요?

루사! 매미! 기억하기 싫은 이름이지. 2002년과 2003년에 우리에게 엄청난 피해를 준 태풍들이야. 루사는 사슴을 일컫는 말레이시아 말이래. 사슴처럼 순하게 뛰어놀다가 매미처럼 더운 여름을 달래 주고 갔으면 얼마나 좋았겠어. 그런데 태풍 이름은 어떻게 붙이는 걸까?

일본 도쿄에 있는 태풍 센터에서 열대성 저기압 중에 중심 부근의 최대 풍속이 초속 17m 이상인 저기압에 태풍 번호와 이름을 붙이거든. 옛날에는 사라나 린다처럼 영어로 여자 이름을 붙였어. 그러다가 우리나라와 북한을 비롯한 태평양 주변 14개 나라에서 저마다 10개씩 이름을 만들었어. 이렇게 만들어진 140개 태풍 이름을 발생하는 순서에 따라 붙이게 된 거야. 나라 이름의 영어 알파벳 순서를 따르지.

우리나라에서 제안한 건 개미, 제비, 나리, 고니 등 10개야. 북한도 기러기, 소나무, 매미 등 10개를 제출했어. 그래서 한글 이름이 무려 20개나 돼. 예쁜 식물이나 순한 동물 이름이 많지. 아, 하나 더! 큰 피해를 만들어 낸 태풍 이름은 사라져. 태풍 센터에서 그 이름을 다시는 사용하지 않거든.

15

백로
하얀 이슬이 맺히는 날

낮에는 덥다가도 저녁이면 서늘해지는 때입니다. 9월 8일, 9일 무렵이지요. 기러기가 오고 제비가 가며, 시장에서는 사과, 배, 감 등 가을 과일을 볼 수 있습니다.

날씨 좋다.

그렇지? 해바라기야!
그… 그래.

그래도 낮엔 약간 덥네?
밤엔 쌀쌀하고.

그래. 그래서 밤이 되면 낮에 증발한 수증기가 이슬이 돼.
그렇구나.

그런데 왜 그래? 힘들어?
당연하지 나는 곧 죽으니까.
뭐?

죽는다고?
난 일년생 식물이거든. 그런데 꼭 죽는다고 할 순 없지. 많은 씨를 남기니까.

죽는다고…

해바라기야…
잠꼬대하네.
찌르 찌르

이슬과 서리

밤사이 지구는 온도가 내려가. 특히 육지는 바다보다 더 많이 내려가지. 지구 땅덩어리만 그런 게 아니라 식물, 건물 등 지구에 있는 모든 것의 온도가 서서히 내려가. 낮에 태양에게서 받은 열을 밤에 내놓기 때문이야. 수증기들도 밤이 되면 열을 빼앗겨서 물방울이 돼. 물방울들은 서로 뭉쳐서 과포화 상태에 이르고 응결되기 시작해. 그래서 서리나 이슬이 만들어지는 거야.

이슬은 어디에 생기지? 그래, 풀잎 같은 식물 주변에 생겨. 사람들이 더울 때 땀을 흘려 몸 온도를 낮추는 것처럼 식물도 더운 낮에는 스스로 온도를 낮추거든. 이 과정에서 식물 주변에 수증기가 생기고 밤에 온도가 내려가면 이 수증기들이 물방

이슬이 생긴 날은 날씨가 좋지!

울이 되는 거야. 증발된 수증기가 많을수록 물방울이 많이 만들어지겠지. 그래서 날씨가 좋은 날 밤에 이슬이 만들어지는 거야.

그런데 뭉친 물방울은 어떤 땐 이슬이 되고 어떤 땐 서리가 돼. 이슬과 서리는 공기 속의 수증기에서 왔다는 것은 같지만, 이슬은 액체인 물이고 서리는 고체인 얼음이라는 차이가 있지. 공기 온도가 0°C보다 높으면 이슬이 만들어지고, 0°C 이하면 서리가 만들어져. 그럼 서리는 이슬이 얼어서 된 걸까? 서리를 자세히 본 적 있니? 흔히 보는 얼음과

는 다르게 생겼어. 얼음보다는 푸석한데 눈과도 달라. 서리는 기체인 수증기가 액체인 물방울이 되기 전에 고체인 얼음으로 변한 거야. 이렇게 서리나 이슬은 비나 눈처럼 하늘에서 내리는 것이 아니고, 공기 속에 함께 있던 수증기에 의해 만들어지는 거야.

맑은 이슬이 만들어지는 백로. 이때쯤엔 어떤 과일이 많이 보이지? 그래, 포도의 계절이야. 칠레 포도가 아닌 진짜 우리나라 포도. 포도는 백로에서 추석까지가 가장 맛있다고 해. 그래서 이때를 포도순절이라

주렁주렁 매달린 포도! 정말 맛있겠지?

고도 부르지. 옛날엔 주렁주렁 매달린 포도를 아이를 낳는 것과 관련 짓기도 했어. 그래서 이때 딴 첫 포도는 맏며느리가 먹었다고 해.

이슬점이 뭐예요?

　물체가 열을 빼앗겨 온도가 내려가면 주변의 온도도 내려가. 공기의 온도가 내려가면 공기 속에 포함된 수증기가 물로 변하고, 그러다가 물체 표면에 이슬이 만들어져. 수증기가 이슬로 맺히는 이때의 온도가 이슬점인데 '이슬 로(露)' 자를 써서 '노점'이라고도 해. 이슬점은 공기에 수증기가 어느 정도 들어 있는지 확인할 수 있는 기준이야.

　이른 아침에 비가 오지 않았는데도 돌이나 여러 물체 위에 물기가 맺힌 걸 본 적 있지? 밤새 공기의 온도가 이슬점 이하로 내려갔기 때문이야.

　이슬점은 건구 온도계나 습구 온도계를 사용해서 알아볼 수 있는데 직접 이슬점 습도계로 측정하는 경우도 있어. 이슬점 습도계의 그릇 안에는 에틸에테르라는 물질이 들어 있거든. 고무 펌프로 그릇 안에 공기를 넣으면 에틸에테르가 증발하면서 그릇의 온도가 내려가는 거야. 그릇 겉면에 이슬이 만들어지면 그때의 온도를 온도계로 확인하는 것이지.

104

추분

가을의 한가운데로 들어가는 날

낮과 밤의 길이가 같은 날입니다. 9월 23일, 24일 무렵이지요. 아침과 저녁에는 날씨가 쌀쌀해서 긴소매 옷으로 갈아입는 때입니다. 곡식들은 다 여물어 농촌은 다시 바빠집니다.

날씨를 관측하는 기구

　날씨를 관측하는 데는 여러 가지 기구를 이용해. 주변을 보면 백엽상, 풍향계, 풍속계 등이 있지.
　백엽상부터 살펴볼까? 백엽상은 날씨를 관측할 수 있는 기구들을 갖춘 작은 집 모양의 하얀색 나무 상자야. 하얀 페인트를 칠한 나무판을 겹쳐서 만들어. 주로 풀밭 위에 세워 놓지.
　백엽상 안을 한번 들여다볼까?
　우선은 온도계가 있어. 그날의 최고 기온과 최저 기온을 알아야 하니까 반드시 있어야겠지. 그리고 온도 기록계가 있어. 또, 날씨에 많은 영향을 주는 습도를 측정할 수 있는 습도계도 있어.
　이제 백엽상 안으로 들어가 볼까?
　백엽상에서 가장 중요한 건 사람들이 생활하는 조건과

백엽상 안의 조건이 같아야 한다는 거야. 그래서 주변을 둘러싸고 있는 벽을 겹으로 된 비늘 창살로 만들어 놓았어. 햇빛과 땅에서 올라오는 열이 백엽상 안에 직접 들어오는 것을 막기 위한 거야. 또 비나 눈이 백엽상 안으로 들어가는 것을 막고, 가능하면 바람이 잘 통하게 하기 위한 것이지.

백엽상 안은 우리가 생활하는 조건과 같아야 해.

온도계가 걸린 위치를 보자. 온도계는 사람 눈높이 정도인 약 1.5m 높이에 있어. 사람들이 가장 확실하게 온도를 느낄 수 있는 어른 얼굴 정도의 높이지.

백엽상의 문은 어느 쪽에 있지? 관측을 위한 문은 어떤 백엽상이든 북쪽에 있어. 우리나라는 지구의 북반구에 있으니까 북쪽으로 나 있는 문을 열어도 햇빛이 직접 들어가지 않지. 우리나라에서 태양은 늘 가운데보다는 남쪽에 위치해 있거든.

그런데 이름이 왜 백엽상일까? 하여서 '흰 백(白)' 자를 생각했니? 아니야. 백엽상은 '일백 백(百)' 자를 써! 백엽상의 나무 조각을 세어 볼까? 안과 밖 두 겹으로 되어 있는 나무 조각이 100여 개나 돼. 백엽상을 한자

로 쓰면 '百葉箱'! 100개의 조각으로 만들어진 상자라는 뜻이야.

  백엽상 구석구석을 둘러봤으면, 이제 고개를 들어 봐. 빙빙 돌아가는 기구 보여? 맞아, 풍속계야. 풍력계라고 부르기도 하지. 바람의 빠르기인 풍속을 측정하는 기계인데 목적에 따라 평균 풍속계와 순간 풍속계 두 가지가 있어. 돌아가는 시점마다 숫자가 달라지는 건 순간 풍속계고, 일정 시간의 바람 세기를 측정해 평균을 내는 건 평균 풍속계야.

바람을 재는 방법으로도 풍속계의 종류가 나뉘어. 학교에서 보는 것은 회전형 풍속계야. 공을 반으로 자른 것과 같은 둥근 모양의 풍배나 프로펠러가 바람의 힘으로 도는 거야. 회전 속도는 바람 속도에 비례해. 바람 속도가 빠르면 빨리 돌겠지.

이 회전형 풍속계도 두 종류가 있어. 요즘 바람 관찰에 이용하는 풍속계는 대부분이 회전형 풍속계지. 학교에 있는 건 공 자른 것 같은 풍배가 네 개짜리네. 4구와 3구가 있는데 세 개 있는 게 네 개보다는 더 정확하다고 해서 세 개를 많이 사용하고 있어.

이 밖에도 바람의 압력을 통해 속력을 측정하는 풍압형 풍속계도 있었지. 〈모나리자〉로 유명한 레오나르도 다빈치가 고안했다는데 요즘은 보기 힘들지. 또 뜨거운 물체에 닿으면 바람이 열을 빼앗아 가는 원리를 이용한 풍속계도 있다고 해. 그렇지만 요즘 우리가 보는 대부분의 풍속계는 회전형이야.

풍속계가 학교 어디쯤에 있는지 본 적 있니? 풍속계는 약한 풍속도 측정할 수 있고, 또 되도록 주변 장애물의 영향을 받지 않는 곳에 있어야 해. 그런데 도시에 있는 학교에서는 이런 곳을 찾기 힘들어. 여기저기 들어서 있는 아파트 단지의 영향을 받을 수탁에 없잖아.

자, 다음으로 풍속계 바로 위에 있는 화살을 볼까? 이름 알지? 풍속

계로 바람의 속도를 알았으니까 이제는 방향을 알아야겠지. 풍향계야! '풍신기', 혹은 '간풍기'라고 부르기도 해. 중국 음식 깐풍기는 아니고, '바람을 본다'는 뜻의 간풍기야. 날씨를 관측하는 기구 중에는 가장 간단한 모양이지. 지느러미처럼 생긴 풍판 한 조각과 앞에 있는 화살촉이 전부야. 판이 두 개인 것도 있어.

　바람이 불면 똑바로 서 있는 판이 바람에 의해 회전축을 따라 돌다가 바람과 같은 방향에 서게 되는 거야. 풍향계에서는 회전이 가장 중요하기 때문에 방해받지 않고 잘 돌 수 있도록 마찰이 거의 없는 축받이를 만들어야 해. 또 정확하게 수직을 유지하는 것도 중요하지.

그렇지만 연기로 바람이 분다는 걸 확인할 수 있는 정도인 초속 1m 정도의 바람이 불면 풍향계는 잘 작동하지 않아. 이런 경우에는 바람의 세기를 어떻게 알까? 아파트의 난방용 굴뚝에서 나는 연기나 국기 게양대에서 깃발이 날리는 모습으로 바람의 세기와 방향을 짐작해. 지금 바람이 없네. 무엇으로 확인해 볼까?

백엽상이 하얀색인 이유?

백엽상은 사람이 사는 환경과 비슷하게 만들어야 하기 때문에 햇빛을 직접 받으면 안 된다. 하얀색은 햇빛을 반사하니까 백엽상을 하얀색으로 칠한 것이다.

왜 풍향계 꼭대기에 수탉이 붙어 있나요?

풍향계의 영어 이름은 '웨더콕'이야. '웨더'는 날씨고 '콕'은 수탉이잖아. 날씨가 들어 있는 이유는 알겠는데, 수탉은 뭘까? 서양 영화나 만화에 나오는 귀족의 집을 유심히 본 적 있니? 집 앞에 문양이 그려진 깃발이 있을 거야. 옛날 서양 사람들은 이 깃발이 휘날리는 것으로 바람의 세기를 짐작했다고 해. 이런 풍습은 9세기 유럽에서 시작되었다고 해. 교회의 탑에 깃발을 단 거야. 그러다가 교황이 교회 첨탑에 수탉 모양을 만들어 설치하라는 명령을 내렸어. '웨더콕'이라는 말은 여기서 시작된 거야.

그런데 많은 동물 중에 하필 수탉이었을까? 성경에 그 궁금증을 풀어 주는 이야기가 있어. 예수가 유태인들에게 잡혔을 때 예수가 가장 아끼던 제자 베드로가 예수를 모른다고 부인을 했어. 베드로는 새벽에 수탉 울음소리를 듣고서야 자신의 잘못을 깨달았지. 이후로 수탉은 사람의 잘못을 일깨우는 상징이 되었어. 여기에 하나 더해서 서양 사람들은 수탉이 밤의 악마를 쫓는다고 믿지. 그래서 풍향계 꼭대기 자리를 수탉이 차지하게 된 거야.

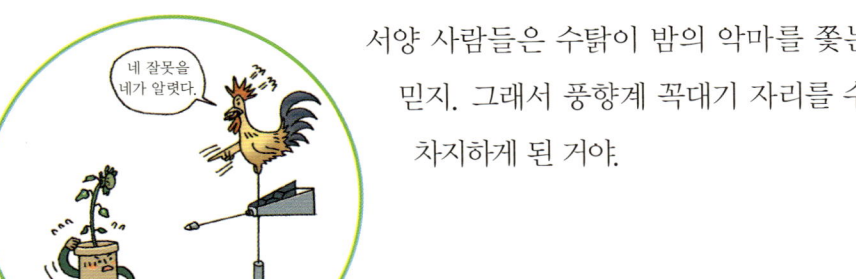

한로
찬 이슬이 내리는 날

바람은 차가워지고 단풍이 들었다는 소식도 들리는 때입니다. 10월 8일, 9일 무렵이지요. 대관령에는 서리가 내린다는 일기 예보도 들립니다. 농촌에서는 가을걷이가 한창입니다.

하늘로 올라가는 회오리바람

회오리바람은 빙빙 도는 바람이라고 해서 '선풍'이라고 부르기도 해. 선풍기의 선풍과 같은 뜻이야. 회오리바람의 종류는 여러 가지야. 흙먼지를 끌어올리는 작은 회오리바람부터 엄청난 위력을 갖는 태풍 비슷한 용오름까지 모두 소용돌이 형태의 회오리바람이지.

이런 회오리바람은 언제 생길까? 태풍이나 전선이 통과할 때, 그리고 낮과 밤의 온도차가 커서 공기의 흐름이 불안정할 때 생겨.

지구에서 가장 큰 회오리바람이 만들어지는 곳은 미국 중서부 지방이야. 토네이도는 바로 이 지역에서 만들어지는 바람이지. 토네이도는 어디로 갈지 예측할 수 없을 정도로 변덕이 심해. 회전 방향이 없기 때문이야.

토네이도는 굉장히 크고 센 바람이야. 평균 지름이 250m 정도에 높이는 수백 m나 되거든. 상암동 월드컵 경기장보다 크고, 63빌딩보다 훨씬 높은 어마어마한 바람기둥을 생각해 봐. 그것도 천둥, 번개, 엄청난 소나기가 함께 내리는 회오리바람. 아마 상상하기 힘들 거야.

토네이도의 풍속은 측정이 불가능할 때도 있대. 엄청나게 빠르다 보니 풍속계가 바람의 압력을 견디지 못해 파괴된다는 거야. 그래서 학자들은 토네이도의 빠르기를 미루어 짐작하는데, 평균 풍속이 초속 100~200m 정도라고 짐작해. 풍속이 초속 300m 정도가 될 때도 있다고 봐. 수치만으로는 상상하기 힘들지? 쉽게 말하면 이 바람을 타면 서

울에서 부산까지 한 시간 안에 갔다 올 수 있는 속도라는 거야.

토네이도는 빠르기만이 아니라 기압도 대단해. 기압이 250hPa(헥토파스칼) 정도까지 떨어진대. 1기압은 960hPa 정도인데, 이 정도로 기압이 낮아지면 그 안에 있는 물건은 대부분 파괴될 수밖에 없어. 건물도 풍선처럼 터지는 거야.

미국 사람들은 토네이도를 두려워해. 녹색 번개와 천둥, 시커먼 구름이 으스스한 분위기를 만들기도 하고, 깔때기 모양을 한 커다란 구름

이 땅바닥을 비질하듯 휩쓸고 지나가는 거야. 이런 바람이 미국에서는 1년에 500번도 넘게 나타난다고 해.

 좀 특별한 기록을 볼까? 토네이도가 60t이나 되는 열차를 들어 올려서 20m 이상 날아가게 했대. 360kg이나 되는 냉장고를 5km 날려 보낸 기록도 있고. 두 사람이 타고 가던 승용차가 30m 이상 올라갔다가 떨어진 적도 있대.

 토네이도는 미국에만 있는 건 아니야. 중국, 일본 등 많은 지역에서 일어나고 있어. 하지만 규모도 작고 발생하는 정도도 미국과는 비교가 안 돼. 대개 5년에 한 번 정도 발생했다는 기록이 있어.

 우리나라에서는 울릉도 근처 바다에서 바닷물이 하늘로 솟아오르는 용오름이 발생한 적이 있어. 높이가 500m 정도에 기둥 지름이 10~30m 정도니 환상적이면서도 무섭겠지. 발생한 횟수는 아주 적어서 대부분의 사람들은 그저 사진으로나 볼 수 있어. 이 용오름은 바다에서 발생하는 토네이도의 한 종류야.

 이런 용오름은 어떻게 만들어질까?

용오름은 바다에서 발생하는 토네이도야.

　용오름을 만드는 구름은 거대한 탑이나 산봉우리 모양으로 나타나 소나기를 내리는 적란운이야. 용오름이 만들어지기 직전 적란운 안에서는 무슨 일이 일어나는지 볼까?

　구름 안에 있는 수증기가 물로 변하면서 엄청난 열을 만들어 내. 열이 발생하면서 구름에 포함된 공기를 뜨겁게 만들고, 데워진 공기가 위로 올라가면서 강한 상승 기류가 생겨나지. 더운 공기는 위로 올라가고 찬 공기는 내려오는 성질이 있잖아. 대류에 의해 올라가는 공기가 회전을 하는 거야. 빙빙 돌면서 올라가는 과정에 주변에 있던 공기가 적란운 속으로 함께 빨려 들어가게 되고, 많은 공기가 작은 구름 기둥으로 빨려 들게 되니 회전은 더 빨라지겠지. 이렇게 해서 하늘 위에서 용오름이 생길 수 있는 조건이 만들어져.

미국에서는 토네이도가 하도 많이 발생하니까 안전 수칙도 만들었어. 내용은 다음과 같아.

- 넓은 평원에서 토네이도를 만나면 바람이 나아가는 방향과 직각이 되는 쪽으로 달아나야 한다.
- 달아날 시간이 없을 때는 가까운 도랑이나 좁은 협곡과 같은 곳에 몸을 숨겨라.

그런데 직접 겪지 않으면 그 위력을 실감할 수는 없을 거야.

토네이도는 무슨 뜻?

스페인 사람들은 번개 치면서 내리는 비를 '트로나다(Tronada)'라고 부른다. '회전하다.'라는 뜻인데, 토네이도는 여기서 나온 말이다.

토네이도와 태풍은 같은 건가요?

태풍과 토네이도는 강한 바람이라는 면에서 비슷해 보여. 그리고 중심 부근에서 급격하게 기압이 감소하는 등 비슷한 점이 많아. 그런데 태풍과 토네이도는 전혀 다른 자연 현상이야. 다른 점이 한둘이 아니야. 우선은 크기에서 차이가 나지. 토네이도는 시간이나 규모에서 태풍과는 비교할 수 없을 정도로 작아. 그래서 일기도에 태풍의 눈은 표시되지만 토네이도의 눈 같은 건 표시되지 않지. 다른 말로 하면 토네이도는 키만 크고, 태풍은 키도 크고 뚱뚱하기도 하다는 거야. 토네이도가 한 지역을 지나간다면 태풍은 한 나라를 다 훑고 가. 그렇지만 바람의 속도는 토네이도가 훨씬 강해. 보통 속도가 초속 100m가 넘거든. 토네이도 정도의 태풍이 만들어진다면 지나간 자리에는 아무것도 남지 않게 될 거야.

만들어지는 장소도 달라. 토네이도는 육지에서 발생하지만 태풍은 육지에서 발생할 수 없지. 그리고 토네이도는 커다란 적란운 안에서 만들어지지만 태풍은 적란운 수십 개가 모여야 만들어진다는 점도 달라.

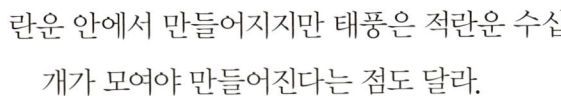

상강
서리가 내리는 날

서리가 내리고 벌레들은 땅속으로 숨는 때입니다. 10월 23일, 24일 무렵이지요. 단풍은 남으로 내려가서 내장산까지 물들이고, 집에서는 김장 준비를 합니다.

농작물에 피해를 주는 일기 현상

가끔 날씨 때문에 농사를 망쳤다는 얘기를 듣지? 이번에는 농사에 피해를 주는 것들을 살펴보자.

먼저 서리가 있어. 농사와 서리는 아주 밀접한 관련이 있어. 1년 가운데 서리가 없는 날이 얼마나 되는지에 따라 자랄 수 있는 농작물이 달라지기 때문이야. 우리나라에서 농작물이 잘 자랄 수 있는 기간은 마지막 서리가 내리는 늦은 봄에서 첫 서리가 내리는 초가을까지야. 날수를 세어 보면 제주도는 275일, 산간 지방은 180일 정도지.

서리와 함께 무서운 게 하나 더 있어. 기온이 갑자기 내려가 농작물에 피해를 입히는 '언 피해'야. 아직 거두지 않은 농작물을 얼게 만들지. 짙은 녹색이던 배춧잎이 검은색으로 변하는 때가 있는데, 바로 언 피해를 입어서 그런 거야. 사람이 동상에 걸리는 것과 마찬가지라고 볼 수 있어.

그래서 갑자기 날씨가 추워지면 농부들은 바빠져. 비닐로 밭을 다 덮으면 농작물이 얼지 않겠지만 그러기는 힘들잖아. 그래서 밤새도록 밭에 연기를 피우기도 해. 왜 연기를 피우냐고? 일단 불을 피우면 열이 생기잖아. 연기가 밭을 다 덮으면 공기가 움직일 수 없기 때문에 열 이동이 일어나지 않아. 그리고 하나 더! 연기 알갱이가 공기 속으로 들어가면 연기 알갱이에 물방울들이 달라붙어. 수증기가 물방울이 되려면 열을 내놓아야 하고, 열이 공기 속으로 들어가면 온도가 조금이라도 올라가지.

농사에 피해를 주는 기상 현상으로는 우박도 있어. 우박 피해는 정말 대단해. 애써 키운 과일에 흠집이 나고, 비닐하우스는 구멍 나고, 고

고추밭에 이런 우박이 떨어지면 어떻게 될까?

추는 다 잘리고…….

떨어진 우박을 칼 같은 날카로운 도구로 잘라 봐. 아주 재미있는 게 보일 거야. 여러 층으로 나누어져 있는데, 자른 양파를 축소해 놓은 것 같지. 한 가운데에는 조그만 핵이 있고 핵 주변에는 불투명한 얼음층이 있어. 이 얼음층들은 한꺼번에 만들어진 게 아니라 한 층 한 층 시간을 두고 만들어진 거야. 덩어리가 큰 우박이면 당연히 층도 많겠지.

우박을 만드는 구름은 위아래로 긴 산 모양의 적란운이야. 적란운은 위층과 아래층의 성격이 달라. 위는 주로 얼음 알갱이, 아래는 물방울로 되어 있어. 그래서 구름 속에서는 위로 올라가는 힘과 내려가는 힘이 만들어져 물방울이 계속 움직여. 아래층의 물방울이 위로 올라가서 얼음 알갱이와 만나는데 이 물방울들이 우박의 핵이 되는 거야. 양파 껍질 같은 얼음층은 어떻게 만들어진 거냐고? 이 핵이 온도가 약간 높은 아래층으로 내려오면 표면이 녹아서 물방울이 달라붙어. 그러다 다시 올라가면 또 어는 거야. 이렇게 여러 차례 오르내리면 얼음층이 계속 쌓이고 우박 덩어리가 돼. 그러다 우박 덩어리를 받칠 수 있는 상승 기류의 힘이 약해지면 땅으로 떨어지는 거지.

우리나라는 우박 피해가 적은 편이지만 중국과 같이 땅덩어리가 큰 나라는 피해도 커. 농작물은 물론 건물과 가축, 사람까지 피해를 입는 경우가 있어. 우박 때문에 피해가 심해서 우박에 관한 연구가 활발하게 이루어지고 있어. 우박을 만드는 구름을 없애는 방법을 사용하기도 하는데, 얼어 있는 구름 알갱이를 없애기 위해 구름에 포를 쏘아 올리는 거야.

이때쯤이면 이렇게 무, 배추가 언 피해를 당하는 경우가 많지. 김장 김치가 겨울의 가장 큰 반찬이던 옛날엔 사람들은 상강 무렵의 된서리를 가장 무서워했어. 잘못하면 겨울 김장을 담글 수 없었을 테니까 말이야.

한입더!!

농작물이 언 피해를 당하는 이유?

생물들은 세포와 세포 사이에 물이 차 있어서 갑자기 온도가 0°C 이하로 내려가면 세포 안 물은 그대로 있는데 세포 밖 물은 얼어 버린다. 물은 얼면 부피가 늘어나는 성질이 있어서 주변 물이 얼어 늘어나면 세포 안 물은 압력을 받아 밖으로 밀려나게 된다. 이럴 때 식물들이 언 피해를 입는다.

잘 자라는 보리를 왜 밟나요?

　농부들은 벼를 수확하고 난 다음에 밭에 보리 씨앗을 뿌려. 때는 가을, 절기로는 상강 무렵이야. 보리는 밭에서 겨울을 나고 봄부터 자라. 농부들은 겨울이 시작될 때 밭에서 자라고 있는 보리를 밟아 줘. 보리밟기라고 들어 봤지? 그런데 왜 보리를 밟을까?

　보리의 줄기와 잎에 미리 상처를 내서 겨울이 되기 전에 땅 밖으로 자라 올라오는 것을 막기 위해서야. 이렇게 해 주어야 포기가 좀 더 풍성해지거든. 그리고 잎과 줄기에 상처를 입은 보리는 스스로 치료하기 위해 수분을 더 많이 갖게 되는데 그렇게 되면 추위를 잘 견딜 수 있어.

　또 어린싹이 뿌리를 더 깊이 내릴 수 있어서 추위와 서리에 의한 피해를 줄일 수도 있지. 보리밟기를 하면 주위의 흙도 함께 다져지기 때문에 서릿발에 의해서 흙이나 보리가 솟아오르는 것을 막는 효과도 있고. 따뜻한 데서는 땅 밖으로 웃자라는 것을 막아 주고, 추운 데서는 추위를 견디게 해 줘.

　보리밟기의 횟수나 방법, 시기 등은 지역에 따라 달라. 보통은 본잎이 세 장 정도 나올 때 시작하는데, 요즘은 기계를 이용해서 밟기도 해.

입동
겨울에 들어서는 날

땅이 얼기 시작하는 때입니다. 11월 7일, 8일 무렵이지요. 곱게 물들었던 나뭇잎들은 하나둘씩 떨어지고 겨울 기운이 조금씩 느껴지기 시작합니다. 첫 얼음이 얼었다는 소식도 들려옵니다.

대기와 해류의 흐름을 바꾸는 엘니뇨

날씨에 국경이 있을까? 당연히 없지. 중국에서 황사가 일어나면 중국만이 아니라 우리나라도 피해를 입잖아. 어느 지역에 이상한 기상 현상이 나타나면 지구 전체에 영향을 끼치지. 엘니뇨도 마찬가지야.

엘니뇨는 페루와 에콰도르의 국경에 있는 해안에서 일어나. 언제부턴가 해마다 12월쯤 되면 이곳 해안에 난류가 흘러와 바닷물의 온도가 높아졌어. 이 난류를 타고 평소 볼 수 없던 물고기가 따라왔지. 물고기 잡는 양이 늘어나니 페루 어민들은 하늘의 은혜에 감사했어. 그리고 시기가 크리스마스 때쯤이라 이 현상을 '아기 예수'라는 뜻을 가진 '엘니뇨'라고 불렀대. 참 재미있고 귀여운 말이지? 그런데 왜 세계는 이 엘니뇨만 나타나면 날씨 걱정을 할까?

문제는 그다음에 생겼거든. 바닷물 온도가 보통 때보다 2~5°C나 높은 상태가 6개월에서 1년 이상이나 계속된 거야. 바다 환경이 바뀌니

원래 이 바다에 살고 있던 생물들에게도 영향을 미쳤겠지. 바다 생태에 중요한 역할을 하는 영양 염류와 물고기의 먹이가 되는 플랑크톤이 줄어들었어. 플랑크톤이 줄어드니 그걸 먹고 사는 물고기에도 문제가 생겼지. 이 지역에서 많이 잡히던 정어리가 전혀 잡히지 않게 된 거야. 어부들은 손을 놓고 놀게 되었어. 물고기를 잡아 생활하는 페루 어부들은 큰 피해를 입었지. 페루는 정어리가 잡히는 양만 줄어든 게 아니라 큰 홍수가 일어나서 많은 피해를 입기도 했어.

사람들은 1950년대까지 엘니뇨를 몇 년에 한 번씩 페루 근처에서만 나타나는 기상 현상이라고 생각했어. 그런데 시간이 지날수록 그게 아니라는 사실이 밝혀졌어. 기상 위성으로 좀 더 정확한 기상 정보를 얻고, 각 나라가 기상 자료를 주고받으면서 분석해 보니, 엘니뇨는 전 세계에 피해를 입히고 있었던 거지. 그때부터 사람들은 엘니뇨를 두려워하게 되었어.

엘니뇨는 적도 열대 태평양 근처에서 남아메리카 태평양 지역까지 이르는 넓은 범위의 바닷물 온도가 계속해

서 높아지는 현상이야. 엘니뇨가 없을 때는 동남아시아 지역을 포함하는 열대 태평양의 온도가 남아메리카 태평양보다 높아. 남아메리카 태평양 남쪽에는 남극이 있잖아. 그래서 그쪽에서 올라오는 페루 해류는 차거든. 그러니 늘 서쪽에 비해 온도가 낮지.

적도 지역 하늘에 부는 무역풍은 서쪽으로 불면서 이 바닷물 온도가 계속 유지되도록 하고 있어. 무역풍이 바다 표면에 있는 따뜻한 물을 태평양 서쪽으로 운반하거든. 그래서 따뜻한 물의 두께가 동남아시아 쪽이 두껍고 남아메리카 쪽은 상대적으로 얇지.

그런데 무역풍이 약해지면서 바닷물의 온도가 이상해졌어. 서쪽의 따뜻한 물의 두께가 보통 때보다 얇아지고, 대신 동쪽의 따뜻한 물의 두께는 두꺼워진 거야. 이렇게 되니 아래에서 올라오는 찬 바닷물의 양은 줄어들고 더운 바닷물이 동쪽으로 이동하지. 더운 바닷물이 많아지니까 태평양 한가운데와 남아메리카 지역의 바닷물 온도가 높아지게 된 거야.

엘니뇨가 나타나면 우선은 가까운 주변 지역에서 많은 변화가 일어

엘니뇨 때문에 전 세계에는 기상 이변 현상이 일어나.

나. 그래서 필리핀, 인도네시아, 호주 동북부 지역 등에 강수량이 줄어들어. 엘니뇨가 나타난 몇 년 전 인도네시아에서는 엄청난 산불이 일어났는데 엘니뇨 때문에 비가 내리지 않아 많은 피해를 입었어. 원래대로 되려면 최소한 50년은 걸린다니 생태계가 입은 피해는 엄청나지.

반대로 열대 지방보다 위도가 약간 높은 곳에서는 홍수로 물난리를 겪지. 중국의 화남 지방, 일본 남쪽 지방 등 아열대 지역과 적도 태평양 중부, 멕시코 북부와 미국 남부, 남미 대륙 중부에서는 홍수가 나는 거야. 또 멀리 떨어진 알래스카와 캐나다 서쪽에서는 기온이 높아지고, 미국의 남동부 지방에서는 오히려 기온이 낮아지지.

이렇게 많은 피해를 입히는 엘니뇨는 1950년대 이후에 13회 정도 나타났어. 기록으로 보면 2년에서 7년 정도 기간을 두고 불규칙하게 나타났는데, 주로 9월에서 다음 해 3월 사이에 나타났어.

엘니뇨의 영향으로 페루는 농업과 수산업 전반에 걸쳐 큰 피해를 입었고, 미국도 1983년 여름에 가뭄과 더위로 수백 명이 사망하는 피해를 입었어. 열대 지방에 있는 나라들은 가축과 농작물 등에 많은 피해를 입었지.

이런 상황이니 세계는 결코 엘니뇨를 지켜보고 있을 수만은 없게 되었어. 그래서 여러 나라가 힘을 합쳐 엘니뇨를 막을 수 있는 방법을 찾고 있지. 우리나라도 엘니뇨 정보 센터를 만들어 기상청과 학자들이 많은 연구를 하고 있단다.

한입더!!

무역풍이란?
적도 쪽으로 1년 내내 일정한 방향으로 부는 바람. 지구가 자전을 하기 때문에 북반구에서는 북동풍, 남반구에서는 남동풍이 된다.

라니냐는 뭐예요?

　라니냐는 엘니뇨와 반대되는 기상 현상이야. 이름도 '남자아이'라는 뜻의 엘니뇨와 반대되는 '여자아이'라는 뜻이지.

　라니냐는 적도 무역풍이 보통 때보다 강해질 때 나타나는데 서태평양의 온도는 높아지고 동태평양의 온도는 낮아져. 원래 찬 동태평양에 찬 바닷물이 더 많이 와서 보통 때보다 온도가 더 낮아지지.

　바닷물 온도는 비와 큰 관련이 있어. 인도네시아, 필리핀 등 동남아시아에는 장마가 심해지고, 페루 등 남아메리카에는 가뭄이 들어. 그리고 북아메리카에는 강추위가 찾아오지.

　아직까지는 라니냐가 왜 생기는지, 얼마나 자주 오는지, 지구에 어떤 영향을 미치는지에 대해서 뚜렷하게 밝혀진 것은 없어.

소설
눈이 내리기 시작하는 날

첫눈이 온다는 소식이 들리는 때입니다. 11월 22일, 23일 무렵이지요. 북서 계절풍이 우리나라에 본격적으로 영향을 주는 때라 난방을 시작합니다.

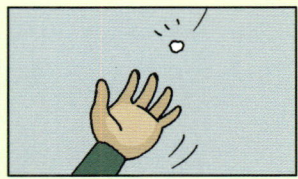

눈이 내리는 원리

겨울이 되면 아이, 어른, 강아지 할 것 없이 기다리는 게 있지? 온 세상을 하얗게 물들이는 눈 말이야.

눈은 어떻게 내리는 걸까? 하늘에서 비가 내리다가 얼어 버린 게 눈일까? 사전에는 구름에서 내리는 얼음 결정, 공기에 들어 있던 수증기가 찬 기운을 만나서 언 다음에 구름으로 떠 있다가 하얀 얼음 결정으로 떨어지는 게 눈이라고 나와 있어. 비가 내리는 원리와 큰 차이는 없지?

그럼 눈과 비는 무엇이 다를까? 구름이 만들어질 때 하늘 위로 올라간 수증기가 물방울이 되지 않고 바로 얼음 결정으로 변한 게 눈이야. 기체가 고체로 변하는 승화 현

다양한 모양의 눈 결정이야.
마치 보석 같지?

상이 일어난 거지. 승화된 얼음 알갱이는 점차 눈 결정으로 만들어지는데 수증기의 양과 기온에 따라 뾰족한 침 모양, 각이 진 기둥 모양, 넓적한 판 모양 등 여러 가지 모양으로 만들어져.

눈 결정은 보통 2mm 정도라 돋보기로 쉽게 관찰할 수 있어. 돋보기로 보면 눈 결정은 육각형 모양이야. 눈 결정은 무척 섬세하게 조각된 보석 같아서 빛이 굴절되는 면이 많아. 그 면을 따라 빛이 산란과 반사, 굴절을 하기 때문에 우리 눈에 하얗게 보이지. 공기 속에 들어 있는 먼지나 미생물이 눈 결정에 붙어서 붉은색, 노란색, 검은색으로 변하는 경우도 있다고 해.

눈 결정은 내리는 과정에서 바람이나 여러 외부 환경으로 인해 서로

엉겨 눈송이를 만들어. 눈송이의 크기는 대개 1cm 정도 되는데 상황에 따라서는 훨씬 큰 눈송이가 만들어지는 경우도 있지.

날씨에 따라 내리는 눈의 성질이 달라져. 포근한 날에는 함박눈이 내려. 눈송이가 큰 함박눈이 내리면 하늘이 온통 은색으로 보이지. 함박눈은 잘 뭉쳐져서 눈사람 만들기도 좋고, 눈싸움도 할 만하지. 눈 결정 겉에 물기가 있기 때문에 잘 뭉쳐지는 거야.

아주 추운 날에는 가루눈이 내려. 날씨가 너무 추워서 눈 결정이 눈송이로 뭉쳐지지 못했기 때문이야. 어떤 땐 눈 결정 하나하나가 뭉쳐지지 않고 내리는 경우도 있어. 가루눈은 끈기가 없어서 눈사람을 만들거나 눈싸움을 할 때 잘 뭉쳐지지 않아.

그런데 날씨가 추운 겨울에도 비가 내리는 건 어떻게 된 걸까? 겨울엔 날씨가 추우니까 당연히 눈만 와야 하는 거 아닐까? 눈은 온도가 영하 25℃ 정도 되는 하늘에서 만들어져. 굉장히 낮은 온도에서 만들어지지. 사실은 비도 하늘 위에서는 눈이야. 물론 여름에도 마찬가지이고. 대신 땅으로 내려오면서 땅 근처 온도에 따라 눈이 될지 비가 될지 결정되는 거야. 내려오다가 녹으면 비가 되고, 녹지 않으면 눈이 되지. 땅 위의 기온이 0℃ 이하일 때 눈이 내리고, 7℃ 이상일 때는 비, 0~6℃ 사이에서는 눈이 내릴 때도 있고 비가 내릴 때도 있어. 눈과 비가 섞인 진눈깨비가 왜 내리는지도 알겠지?

승화란?

고체가 액체 상태를 거치지 않고 직접 기체로 변하는 현상, 또는 그 반대 현상을 말한다. 나프탈렌이나 드라이아이스, 0℃ 이하의 얼음에서 볼 수 있다.

영하 25℃인 하늘의 높이?

온도가 영하 25℃인 하늘의 높이는 일정하지 않다. 계절에 따라 다르고, 장소에 따라 다르다. 추운 날에는 얼마 올라가지 않아도 그 온도가 되지만, 따뜻한 날에는 더 높이 올라가야 한다.

 ## 눈이 많이 오면 다음 해에 풍년이 들어요?

 옛날에는 눈이 농사에 큰 도움을 주었어. 농사를 시작하는 봄철에 물을 공급해 주고, 또 겨우내 땅을 덮고 있어서 땅속열이 밖으로 달아나는 걸 막아 주지. 그래서 가을에 심어 놓은 보리나 밀이 얼어 죽지 않고 겨울을 날 수 있어.
 대신 땅속에서 겨울을 나는 해충들은 땅속 공기가 움직이지 않으니까 질식해서 죽겠지. 거기다가 눈이 녹으면서 땅이 갖고 있는 열을 빼앗아 가니까 땅이 차가워져서 해충이나 해충의 알이 얼어 버리기도 해.
 그리고 눈은 질소 같은 비료 성분을 가지고 땅에 내리기 때문에 땅을 비옥하게 만들어 준단다.
  그래서 눈이 많이 내리면 풍년이 든다는 말이 나오게 된 거야.

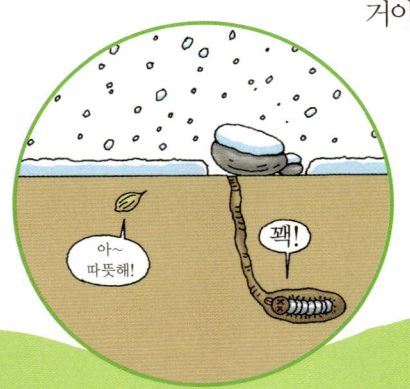

대설
큰 눈이 내리는 날

큰 눈이 내린다는 날입니다. 12월 7일, 8일 무렵이지요. 날이 상당히 추워져서 아침에 일어나기 싫은 때입니다. 밖에 나가면 곳곳에서 얼음도 자주 볼 수 있습니다.

독특한 영동 지방 날씨

태백산맥을 중심으로 동쪽을 영동 지방이라고 해. 강원도 지방이지. 영동 지방에는 눈이 많이 내려. 강릉 주변에는 이틀 사이에 1m 이상 눈이 내렸다는 기록도 있어. 우리나라에서 눈이 이 정도로 내리는 곳은 울릉도나 영동 지방밖에 없어.

영동 지방은 눈이 많이 내리는 것뿐만 아니라 특별한 기후가 많이 나타나는 곳이야. 지형이 독특하기 때문인데 서쪽으로는 설악산, 오대산 같은 높은 산들이 있고 동쪽으로는 망망한 바다가 펼쳐져 있어. 대관령을 넘어 본 적 있니? 차를 타고 가면 귀가 멍멍해지는데, 이 지역 산들의 평균 높이가 900m 정도야.

그런데 재미있는 건 이 산들의 모양이야. 대관령 올라갈 때는 한참 가는 것 같은데 내려갈 때는 금방이잖아. 서쪽과 동쪽의 경사가 다르기 때문이야. 동쪽은 가파르고 서쪽은 밋밋하지. 이렇게 독특한 지형 때문에 특별한 날씨가 나타나는 거야.

영동 지방의 특별한 기후를 계절별로 알아볼까?

봄에는 높새바람이 불어. 기상학자들은 푄이라고도 하는데, 높새는 북동쪽에서 불어오는 바람이라는 뜻이야. 동쪽 바다에서 바람이 시작되어 산을 타고 넘어와서 서쪽으로 부는 거지. 이 바람은 바다에서 시작되었기 때문에 습기가 많고 서늘해. 산을 타고 오르는 동안 습기들이 엉겨 붙으면서 물방울을 만들었다가 다시 산을 타고 내려올 때는 습기가 거의 없는 건조한 바람으로 바뀌지. 물론 온도도 많이 올라가고. 늦은 봄에서 초여름 사이에 영동 지방에 부는 온도가 높고 건조한 이 바람이 높새바람이야. 이 바람 때문에 대관령 서쪽 지방은 갑자기 기온이 높아져서 농작물이 말라 죽는 피해를 입기도 해. 봄이면 자주 발생하는 동해안의 큰 산불에도 영향을 주지.

여름에 많은 사람들이 더위를 피해 동해안으로 가지. 산과 바다를 둘 다 볼 수 있고 바닷물이 워낙 깨끗하잖아. 거기에다가 여름에 동해안이 다른 지역보다는 좀 서늘한 편이야. 또 동해 바다는 우리나라 여러 바다 가운데 가장 차가운 편이고. 사람들이 여름

에 영동 지방을 찾는 이유를 알겠지?

앞에서 영동 지방에는 겨울에 눈이 많이 온다고 했지. 눈이 10cm 이상 내리는 날이 1년에 7일 정도나 돼. 이곳에는 왜 눈이 많이 내릴까?

영동 지방에는 바람이 동쪽에서 불어와. 동쪽에는 바다가 있으니 이 바람엔 습기가 많이 들어 있겠지. 이 바람이 절벽과 같은 산을 만나면 거의 강제적으로 올라가게 돼. 이렇게 올라가게 되면 온도를 빼앗기면서 눈구름이 만들어지는 거지. 그래서 눈이 많이 내리는 거야. 봄에 부는 높새바람을 생각하면 잘 이해가 될 거야.

이 지역에 눈이 많이 내리는 이유는 겨울에 기압이 늘어서는 모양과도 관련이 있어. 오호츠크해 고기압이 동해 쪽에서 발달하고 남쪽에 저기압이 발달해 있는 경우가 있어. 이때 북쪽은 고기압, 남쪽은 저기압이 되면서 영동 지방에 북동풍이 불어오지. 북동풍은 바다 쪽에서 오니까 차고 습기가 많은 공기를 몰고 와. 이 바람이 육지에 있던 차고 건조한 공기를 만나 눈구름을 만드는 거야. 재미있는 건 이때 산맥의 서쪽 지방이야. 이 바람이 대관령을 넘으면서 품고 있던 습기를 모두 눈으로 쏟아붓거든. 2005년 3월에는 부산에 100년 만에 엄청난 눈이 내리기도 했어. 이것도 거의 비슷한 경우야.

이렇게 되면 영서 지방은 습기를 다 쓴 바람이 불어오니 날씨가 맑아. 동쪽과 서쪽 지방의 날씨가 엄청나게 다르게 나타나는 거야. 지형은 날씨에 큰 영향을 주지.

많은 눈이 내린 2005년 3월의 부산이야.

서울도 마찬가지야. 그리 넓지 않은 공간인데도 주변에 나무가 많고 산이 있으면 상황이 달라지잖아.

그나저나 나도 눈이 보고 싶네. 오늘 저녁엔 동쪽으로 가 볼까?

푄?

산과 바다가 가까이 있는 지역에 나타나는 바람으로 온도가 높고 건조한 바람이다. 원래는 알프스 근처에서 발생하는 그 지방의 바람을 부르는 말이었다. 요즘은 산을 넘어오는 온도가 높고 건조한 바람을 다 푄이라고 한다.

왜 눈길에 염화칼슘을 뿌려요?

물이 어는 온도는 0°C지. 그렇다면 바닷물이 어는 온도는?

아무리 추운 겨울이라도 우리나라는 바다가 어는 경우는 없어. 바닷물 속에는 소금 성분이 많이 녹아 있기 때문이야. 이처럼 물에 소금이나 설탕이 녹아 있으면 0°C에서 얼지 않아. 간장독이나 김장독은 한겨울에도 얼지 않지.

얼음이 든 생선 상자에 소금을 넣는 이유는 뭘까? 짠맛이 생기게 하려고? 한 번 더 생각해 보자. 얼음이 녹을 때 주변의 열을 흡수하고, 다시 이 물에 소금이 녹으면서 또다시 열을 흡수하지. 어는 온도가 더 내려가는 거야. 그래서 생선을 더 신선하게 보관할 수 있는 거야.

겨울철 눈이 내린 도로에 염화칼슘을 뿌리는 것도 같은 원리야. 염화칼슘 같은 제설제는 주변 습기를 잘 흡수하는 게 가장 중요해. 흡수와 동시에 녹으면서 열을 만드니 당연히 눈이 녹지. 염화칼슘이 포함된 녹은 물은 어는점이 더 낮아지기 때문에 어는 경우가 거의 없어. 그래서 길이 어는 걸 막기 위해 눈길에 염화칼슘을 뿌리는 거야.

22

동지

겨울의 한가운데로 접어드는 날

1년 가운데 밤이 가장 긴 날입니다. 12월 22일, 23일 무렵이지요. 추위가 본격적으로 기승을 부릴 때입니다. 병을 쫓고 나쁜 운을 막기 위해서 팥죽을 먹는 날입니다.

어딜 도망가!

추운데 왜 자꾸 쫓아와?

우리는 저 멀리 시베리아 대륙에서 왔어.

겨울을 대표하는 북서 계절풍이지.

그렇지. 우리가 오면 전국이 영하의 추운 날씨가 계속돼.
그래서? 하고 싶은 말이 뭐야?

우리가 널 쫓아온 게 아니라는 거지.

그래. 그러니까 계속 날 괴롭히겠다, 이 말이지?

잘못했어. 우리도 한 입만 주라.
아~ 맛있다.

북서 계절풍과 한파

한파는 한자로 '찰 한(寒)' 자에 '물결 파(波)' 자를 써. 찬 공기가 파도처럼 밀려온다는 뜻이지. 찬 공기가 파도처럼 밀려올 만큼 춥다니, 정말 추운 날씨겠지. 하지만 찬 공기가 밀려온다고 해서 다 한파라고 부르는 건 아니야. 한파라고 부르려면 두 가지 조건에 맞아야 해. 먼저 찬 공기가 몰려올 때 그 지역의 공기가 순간적으로 10℃ 이상 내려가야 하고, 또 하나는 그날의 최저 기온도 영하 5℃ 아래로 내려가야 한파라고 할 수 있어. 그렇지만 지리 환경이나 기후 조건이 다르기 때문에 한파의 기준은 나라마다 달라.

한파가 밀려오면 어떤 일이 일어날까? 우선 바람의 방향이 갑자기 바뀌고 속도도 빨라져. 기압은 올라가고 온도는 엄청나게 내려가. 늦은 가을에 한파가 밀려오면 순간적으로 무나 배추가 얼기도 해. 사람들은 완전 무장을 하지 않으면 외출하기 힘들지.

한파는 왜 오는 것일까? 우리나라에 한파를 몰고 오는 건 주로 시베리아 기단이야. 시베리아 기단은 북극이나 시베리아 바이칼 호수 주변, 몽골고원 쪽에서 발달하는 대륙성 고기압이지. 시베리아 기단이 발달할 때쯤이면 우리나라 동해 바다 쪽에는 저기압이 머물고 있어. 그러면 바람은 고기압에서 저기압 쪽으로 불어오니까 우리나라로 북서 계절풍이 심하게 불어오지. 그러면 전국이 영하의 추운 날씨가 계속되고 한파 주의보가 내려져.

그런데 북쪽에 한파가 발생해서 우리나라로 밀려오기 전에 하루 이틀은 날씨가 따뜻해. 한파가 밀려오면서 먼저 자리를 차지하고 있던 따뜻한 공기가 밀려 내려오기 때문이야.

한파 이야기를 했으니 한파에 영향을 주는 북서 계절풍 이야기를 안 할 수 없겠지. 북서 계절풍은 겨울 날씨에 가장 큰 영향을 주는 시베리아 기단 때문에 생기는 바람이야. 겨울철을 대표하는 바람이지. 시베리아 대륙에서 동아시아 지방과 그 근처 바다로 부는 바람인데, 대륙에서 불어오니 엄청나게 차고 건조해.

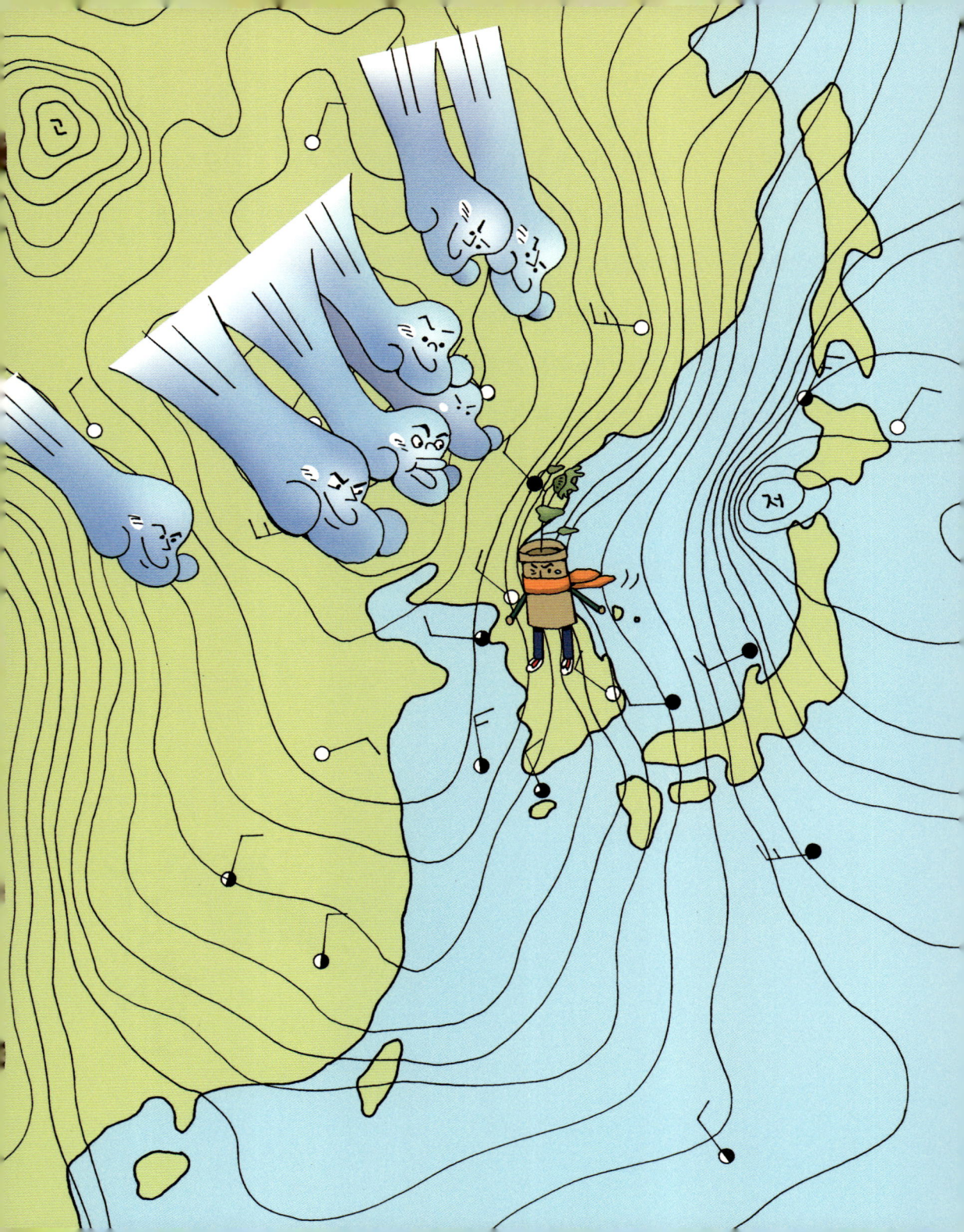

북서 계절풍은 우리나라를 중심으로 한 동아시아 지방 일기도에 서쪽은 고기압, 동쪽은 저기압이 나타날 때 부는데, 이때 일기도에는 등압선이 남북으로 길게 늘어져 있어. 등압선의 간격이 좁으면 좁을수록 더 센 바람이 부는데, 이때의 등압선 간격은 아주 촘촘해.

북서 계절풍은 겨울에 우리 생활에 영향을 많이 주니 일기 예보에 관심을 가져야 해. 이 바람 때문에 바다에서 배들끼리 부딪치는 사고가 날 위험이 크고, 서해안 지방에는 눈이 많이 내려. 눈이 많이 내리면 농촌에서는 비닐하우스에 피해를 입고 도시에서는 교통사고도 많이 나거든. 기온이 갑자기 내려가 보일러나 수도관이 얼어 버려서 불편을 겪기도 하지.

한파 주의보는 언제 내리지?
그날의 최저 기온이 전날보다 10°C 낮을 때 내려진다.

삼한 사온이 뭐예요?

    삼한 사온은 사흘은 춥고 나흘은 따뜻하다는 말이야. 우리나라를 비롯한 동아시아, 특히 중국 북부 지방에서 겨울에 나타나는 기온 변화 현상인데, 춥고 따뜻한 날이 며칠 간격으로 되풀이되는 현상이야. 이런 날씨는 겨울철 한파를 만드는 시베리아 기단과 관계가 있어.

    겨울철이 되면 시베리아 대륙에 고기압이 만들어져서 남동쪽으로 움직여. 이렇게 되면 우리나라와 동아시아 지역에서는 북서풍이 강하게 불고 날씨가 추워져. 이렇게 추운 날이 사흘 정도 계속되는 거야.

    이렇게 세력을 넓히던 시베리아 고기압이 땅에서 열을 받으면 기온이 올라가. 이 이동성 고기압의 중심이 점차 동쪽으로 이동하면 바람은 약해지고 기온이 올라가면서 따뜻한 날이 나흘 정도 계속돼.

    삼한 사온은 7일을 주기로 날씨 변화가 반복된다는 말이지만 실제로는 그렇지 않아. 요즘에는 지구 온난화에 따른 기상 이변으로 이런 날씨 규칙은 거의 없어졌어.

소한
추워지기 시작하는 날

작은 추위라는 말입니다. 1월 6일, 7일 무렵이지요. 뜻은 작은 추위지만 사실은 1년 가운데 가장 추운 때입니다. 그래서 옛사람들은 "추운 대한 없고, 춥지 않은 소한 없다."고 했습니다. 칼바람이 불고 눈도 가장 많이 내립니다.

체감 온도 알아보는 법

체감 온도는 실제 온도가 아니라 몸으로 느끼는 온도를 말해. 같은 영하 5°C라도 바람이 불면 더 춥게 느껴지지. 어제와 오늘 최저 기온이 같은데도 어제가 더 추웠다거나 오늘이 더 덥다고 말하는 경우가 있잖아. 기온, 풍속, 습도, 햇빛의 양 등 날씨랑 관계되는 기상 요인이 모두 영향을 미쳐서 체감 온도를 만드는 거야.

사람마다 느끼는 온도가 다를 텐데 체감 온도를 어떻게 잴까?

바람이나 습도는 큰 변화가 없는데 단지 햇빛이 비치지 않을 때는 그날 기온에서 4°C를 빼 주면 체감 온도야.

그런데 바람이 불면 또 달라져. 바람의 속도가 초

목도리 두르고, 마스크 쓰고! 열을 빼앗기면 안 돼!

속 1m 증가하면 그때마다 1~1.5°C 정도씩 낮아져. 그러니 영하 10°C 가까이 되고 바람도 엄청 심한 날은 체감 온도가 많이 내려가겠지. 바람이 세면 셀수록 겨울철 체감 온도는 떨어지는 거야.

추울 때 사람들 손이 가장 먼저 가는 곳이 어딜까? 추운 날 밖에서 오래 있으면 코와 볼이 빨개지고, 귀도 얼지. 겨울에 밖에 나갈 때 꼭 챙기는 물건을 생각해 봐. 모자 쓰고, 목도리 두르고, 장갑을 끼잖아. 목이나 머리처럼 밖으로 드러나는 곳이 추위를 가장 먼저 느끼기 때문이야. 체온이 그쪽으로 빠져나가기 때문이지. 열을 빼앗기면 당연히 춥

겠지. 그런데 팔과 다리는 어때? 걸어 다니려면 팔다리를 열심히 움직여야 하잖아. 이렇게 계속 운동을 하고 있으니 계속 열이 만들어져서 움직이지 않고 드러나 있는 얼굴보다는 추위를 덜 느끼는 거야.

그러니까 체감 온도가 낮은 날 밖에 나갈 때는 단단히 준비를 하고 나가. 추위를 특히 많이 느끼는 부분은 특별히 챙겨야겠지.

 상고대가 뭐예요?

눈꽃이라는 말은 들어 봤지? 눈꽃은 꽃이 핀 모양으로 나뭇가지에 눈이나 서리가 얹혀 있는 거잖아. 눈이 많이 내리면 가끔 볼 수 있지. 상고대는 쉽게 볼 순 없지만, 한 번 보고 나면 너무 아름다워서 입을 다물 수 없어.

상고대는 겨울에 나뭇가지나 주변의 풀에 하얗게 성에처럼 끼어 붙은 거야. 눈꽃은 눈이 내리고 난 다음 날 나뭇가지에 붙어 있던 눈이 얼면서 생기는 것이지만, 상고대는 눈이 없어도 만들어져.

상고대는 짙은 안개가 낄 때 잘 볼 수 있어. 바람이 거의 없는 날, 공기 속에 수증기가 꽉 차 있을 때 말이야. 나뭇가지나 마른 풀이 밤에 열을 잃고, 주변의 온도가 그날의 기온보다 낮아지면 상고대가 생겨. 차가운 나뭇가지나 풀에 수증기가 달라붙으면 수증기 온도가 낮아져서 결정 상태로 변해서 만들어지는 거지. 보통은 기온이 영하 15°C보다 낮을 때 만들어져.

상고대는 밤새 만들어지지만 해가 나면 금세 없어지기 때문에 쉽게 볼 수 없어. 얼음이긴 하지만 단단하지 않고 솜사탕처럼 보송보송해서 바람이 조금만 불어도 부스러져. 그러곤 우수수 날리면서 떨어지지. 하지만 상고대가 제때에 녹지 못해 자꾸 쌓이면 무게와 온도를 견디지 못한 나무가 부러지는 경우도 있어.

　우리나라에서 상고대를 가장 잘 볼 수 있는 곳은 소양호 주변이야. 겨울철 아침이면 볼 수 있단다. 가끔은 한라산에도 나타나지.

　상고대는 주로 안개 때문에 생기는데, 비 때문에 생길 수도 있어. 비 상고대는 전깃줄이나 나뭇가지에 달라붙은 물방울이 얼어붙으면서 만들어지기 때문에 표면이 매끄럽고 투명한 얼음으로 덮여 있어. 비가 계속 내리면서 이런 일이 생기면 고드름 모양으로 만들어지기도 한단다.

대한
큰 추위가 오는 날

가장 큰 추위라는 말입니다. 1월 20일, 21일 무렵이지요. 추위는 여전하지만 소한 추위보다는 덜합니다. "대한이 소한 집에 갔다 얼어 죽었다."라는 말도 있어요. 얼음장 밑으로 봄이 오는 소리가 들리는 것도 같습니다.

속담으로 배우는 날씨 과학

옛날부터 날씨는 우리 생활과 밀접한 관련이 있어서 속담에도 날씨와 관계된 것들이 많아. 재미있는 속담들을 살펴볼까?

먼저 추운 겨울 날씨와 관련된 속담들!

<u>소설엔 초순의 홑바지가 하순의 솜바지로 변한다.</u>

소설이 언제쯤이지? 11월 말 무렵이잖아. 본격적인 겨울이 시작돼 첫 추위가 찾아오는 시기지. 이때쯤의 서울 최저 기온은 영하로 내려갈 때가 많아. 그러니 당연히 옷차림이 달라지겠지. 그것을 빗댄 속담이야.

<u>눈을 밟을 때 뽀드득 소리가 나면 날씨가 추워진다.</u>

눈도 종류가 많아. 밟을 때 '뽀드득' 소리가 나는 눈은 어떤 눈일까? 쌓인 눈들 사이에 틈이 많아야 이런 소리가 나겠지. 이런 눈이 오려면 내리는 동안 눈송이 겉이 녹지 않아야 해. 물기가 있으면 바닥에 쌓일 때 쉽게 녹지. 물기가 없는 눈이 쌓이면 그 틈새가 넓어서 공기가 들어

갈 수 있어. 그래서 밟으면 뽀드득 하면서 공기가 빠져나가 소리가 나는 거야. 하늘의 공기가 엄청 찰 때 이런 가루눈이 내리거든. 그래서 날씨가 추워진다고 한 거야. "눈발이 잘면 춥다."는 속담도 비슷한 뜻이지.

눈 오는 날 거지 이 잡는다.

추운 날씨에 옷 벗고 이 잡을 수는 없잖아. 눈이 내리면 보통 때보다 따뜻해서 속옷을 벗어 몸에 생긴 이를 잡는다는 말이야. 추워서 이를 잡지 못했는데 모처럼 기회가 왔다는 거지. 같은 눈을 두고 서로 다른 말을 하니까 좀 이상

하지만 눈의 종류가 달라서 나온 말이야. 뽀드득 소리가 나는 눈발은 날씨가 추울 때 내린다고 했잖아. 그런데 공기가 좀 따뜻하면 눈송이 겉에 물기가 만들어지겠지. 그러니 서로 잘 붙을 수 있어서 눈송이가 커지지. 이게 함박눈이야. 그래서 날씨가 따뜻하면 함박눈이 내리는 거야.

날씨와 농사는 밀접한 관계가 있어서 이것과 관련된 이야기도 많아.

동지섣달에 북풍이 불면 병해충이 적다.

동지섣달은 11월과 12월! 양력으로는 좀 다르지만 음력으로는 한겨울이야. 우리나라는 농사를 짓는 민족이었으니 농작물에 큰 피해를 주

는 병해충은 큰 문제였어. 병해충은 기온이 떨어지면 겨울을 나기 위해 땅속이든 식물의 껍질 속이든 추위를 피할 수 있는 곳으로 숨잖아. 그런데 겨울 날씨가 추우면 어떻게 될까? 추운만큼 겨울을 버텨 내는 병해충 수도 줄어들겠지. 속담에서 얘기한 북풍은 겨울에 부는 북서 계절풍을 말하는 거야. 북쪽의 찬 공기를 한참 머금고 오는 동장군이지. 그러니 겨울에 북서 계절풍이 많이 불면 추운 날씨가 이어질 테고, 병해충은 당연히 줄어들겠지.

주변의 동물들 모습으로 날씨를 예측한 속담도 많아.

지렁이가 땅 밖으로 나오면 비가 내린다.

비 온 다음 날 땅 위로 나와 죽은 지렁이를 자주 볼 수 있지. 비가 오는 게 너무 좋아 밖에 나와 있다가 말라 죽은 걸까? 그건 아냐. 지렁이는 피부로 숨을 쉬는 동물이거든. 비가 많이 와 땅속에 물이 차면 숨을 쉬기가 어렵잖아. 그래서 비가 오면 숨을 쉬기 위해 밖으로 나오는 거야.

개구리가 울면 비가 온다.

개구리는 지렁이처럼 피부가 아닌 허파로 숨을 쉬긴 하지만 피부가 습기에 민감해. 습기가 많아지면 숨 쉬는 데 지장을 줄 수도 있거든. 비가 오기 전 습기가 많아지면 개구리는 호흡량을 늘리기 위해 평소보다 많이 우는 거야.

벌은 절대 비를 맞지 않는다.

비 내리는데 꿀 따러 다닐 수 있는 벌이 있을까? 엄청 굶지 않았다면 그럴 일은 없겠지. 벌도 습도에 민감한 편이라 습도가 높아지면 자기 집으로 들어간다고 해.

제비가 땅바닥 가까이 날면 비가 온다.

제비가 주로 먹는 것은? 날아다니는 작은 곤충을 가장 많이 잡아먹을 거야. 비가 오기 전 습도가 높아지면 날씨가 쌀쌀해져서 곤충들이 따뜻한 기운을 찾아 땅바닥 쪽으로 내려오거든. 그렇게 되면 배고픈 제비는 어디로 가야 할까? 당연히 곤충들을 찾아 아래로 내려와야겠지.

비는 우리나라처럼 벼농사를 짓는 사람들에게는 너무도 소중하지. 그래서인지 날씨 이야기 가운데에는 비 올 것을 예측하는 것이 많아.

거미가 집을 짓는 날은 날씨가 맑다.

거미가 집을 짓는 시간은 대개 저녁이야. 밤이 되어 불빛을 찾아 움

> 오늘의 날씨는 맑음!

> 왜 이렇게 칭얼대지. 비가 오나?
> 으아앙

직이는 벌레들을 먹기 위해서지. 그래서 미리미리 집을 지어 놓는 거야. 비가 오면 벌레들의 움직임이 있을까? 자기 집으로 돌아가 나오지 않겠지. 거미도 그걸 아니까 비 오는 날 집을 짓는 괜한 헛수고를 하지 않는 거야.

아기가 칭얼대면 비가 온다.

사람 몸에는 날씨에 따라 우리 몸을 조절해서 보호하는 역할을 하는 곳이 있어. 기압에 따라 혈관을 넓히거나 좁히기도 하고 기온에 따라 땀을 나게 하기도 하고 소름이 돋게도 하지. 어른들은 오랜 습관으로 적응이 되었지만 아기는 좀 달라. 그래서 몸에 이상이 느껴지면 칭얼대는 거야.

이번에는 옛날 사람들이 하늘 보면서 날씨 예측한 이야기를 보자.

아침 무지개는 비가 올 징조.

무지개는 어떻게 생기지? 태양 빛이 공기 속의 물방울들에 반사되어 생기는 거지. 그래서 태양의 반대쪽에 나타나잖아. 해는 동쪽에서 뜨니까 아침 무지개는 서쪽에 나타나겠지. 서쪽 하늘에 물방울이 많이 있다는 얘기야. 우리나라에 비를 뿌리는 구름은 대부분 서쪽에서 오거든.

그러니 서쪽 하늘에 물기가 많다는 건 비가 올 확률이 높다는 얘기겠지.

달무리가 나타나면 비가 온다.

달무리는 달 주변에 먼지가 잔뜩 낀 것처럼 둥글게 쳐진 하얀 테야. 달무리는 달빛이 구름을 통과할 때 만들어져. 이 달무리는 권층운이 있을 때 나타나거든. 권층운은 전선이나 태풍이 다가올 때 만들어지고. 그러니 달무리가 나타나면 비가 온다고 예측할 수 있었겠지.

저녁노을이 지면 다음 날 맑음.

무지개 일곱 색 중에 가장 멀리까지 갈 수 있는 색은 무엇일까? 빨간색이 가장 멀리까지 갈 수 있어. 빨간색은 그만큼 공기 속을 잘 통과하여 멀리까지 갈 수 있으니 노을도 붉은빛을 띠는 거야. 공기가 깨끗하면 노을은 훨씬 더 선명해지겠지. 그러니까 노을이 나타났다는 건 하늘에 구름이 거의 없고 공기 속에 물방울도 별로 없다는 뜻! 당연히 다음 날은 맑겠지.

생활 주변의 일을 보고 날씨를 예상한 것도 많아.

밥알이 그릇에 붙으면 맑고, 떨어지면 비가 온다.

공기 속에 물기가 많으면 당연히 밥풀의 끈적이는 정도가 약해지겠지. 주걱으로 밥 풀 때를 생각하면 돼. 주걱에 밥풀이 묻지 않게 하기 위해 주걱을 물에 담갔다가 밥을 푸잖아. 그러니 습기가 많은 날은 당연히 밥풀이 잘 붙지 않겠지.

변소나 하수구 냄새가 심하면 비가 온다.

저기압이 다가오면 공기 속에 물기가 많아지고 공기의 흐름도 활발하지 않아. 그러니 하수구나 변소 냄새가 위로 올라가 퍼지지 못하겠지. 냄새가 심해지는 건 당연한 이치!

비슷한 이야기 하나 더 찾아볼까?

> 내 똥 냄새가 아냐! 내일 비 오려고 변소 냄새가 많이 나는 거라고!

종소리가 뚜렷하게 들리면 비가 온다.

비가 오거나 흐린 날은 교실에서 선생님한테 떠든다고 혼나는 일이 더 많을 거야. 공기의 움직임이 활발하게 이뤄지지 않으니 당연히 소리가 퍼지지 않기 때문이야. 그러니 소리가 더 크게 들리지.

몇 개만 더 찾아볼까.

가을비는 장인 구레나룻 밑에서도 피한다.

가을비는 상대적으로 여름비에 비해 내리는 양이 매우 적어. 빗줄기가 많지 않다는 데서 만들어진 속담이야.

처서 지나면 모기도 입이 비뚤어진다.

처서 무렵에 더위가 물러가잖아. 이때쯤 이면 한여름에 난리 치던 파리, 모기도 힘이 없어지지. 아침저녁의 쌀쌀함 때문에 모기 입이 비뚤어진다니. 재미있는 표현이지?

마지막으로 하나 더!

장마 끝물 참외는 거저 줘도 안 먹는다.

한여름 과일 중 가장 많이 먹는 것이 참외, 수박인데 왜 공짜로 줘도 안 먹는다고 할까? 식물이 자라는 데 가장 많은 영향을 주는 건 햇빛과 물이잖아. 그런데 장마철이면 물은 많아도 햇빛은 거의 없지. 빛을 많이 받지 못한 과일들은 필요한 걸 제대로 만들지 못해. 과일의 생명은 단맛이잖아. 이때의 과일들은 당도가 낮아져 맛이 떨어지는 걸 비꼰 말이지.

마지막이 장마로 끝난 게 좀 아쉽지만 모처럼 날씨 속담들을 살펴보니 옛날에 어른들한테 이 속담들을 듣던 때가 생각난다. 옛날에는 어른들이 이런 말들을 자주 들려주셨거든. 너도 친구들에게 이야기해 봐. 그러다가 틀리면? 망신 좀 당하면 어때!

성에는 왜 창문 안쪽에 껴요?

　겨울 아침에 일어나 창문을 보면 뿌옇게 낀 성에를 볼 수 있지. 그런데 성에는 창문 안쪽에 낄까, 바깥쪽에 낄까? 더 추운 바깥에 낀다고? 아니야. 성에는 창문 안쪽에 껴.

　방 안은 공기가 따뜻한데 성에는 왜 창문 안쪽에 낄까? 겨울에 집안 공기는 난방 때문에 훈훈하지. 온도도 바깥보다 훨씬 높고. 또 창문을 닫아 놓은 상태로 빨래하고, 걸레질하고, 밥 짓고, 우리가 쉴 새 없이 숨을 쉬기 때문에 실내 공기는 수증기를 많이 지니게 돼.

　그런데 밖에 있는 것은 공기뿐 아니라 창문의 유리도 차가워. 이런 상태에서 수증기를 많이 가지고 있는 실내의 공기가 찬 유리와 만나면 어떻게 될까? 실내의 공기는 열을 빼앗겨서 물방울이 만들어져. 그리고 날씨가 너무 추워서 창문의 유리 온도가 어는점 이하로 내려가고, 물방울은 바로 얼음이 되는 거야. 성에가 만들어지는 거지.